Männerlager   Frauenlager   Jugendschutzlager

KZ Moringen

Eine Dokumentation

KZ   MORINGEN

Männerlager
Frauenlager
Jugendschutzlager

Eine Dokumentation

Herausgegeben von der Gesellschaft für
christlich-jüdische Zusammenarbeit Göttingen e.V.
und dem evangelisch-lutherischen Pfarramt
Moringen

Redaktion: Hannah Vogt - Göttingen

1. Auflage 1983
3. unveränderte Auflage 1987

Unveränderter Nachdruck 2020

Layout und Gestaltung des Reprints: Arno Schelle

für die Lagergemeinschaft und Gedenkstätte KZ Moringen e.V.

Herstellung und Verlag: BOD—Books on Demand, Norderstedt

1

Vorwort zum Nachdruck 2020

(und gleichzeitig auch eine kleine Chronologie)

Im Jahr 1983 legte die Evangelisch-lutherische Kirchengemeinde Moringen in Zusammenarbeit mit der Gesellschaft für christlich-jüdische Zusammenarbeit Göttingen e.V. die Erstauflage für diese Dokumentation über das KZ Moringen vor. Die engagierte Redaktion übernahmen Dr. Hannah Vogt und Pastor Wolf-Dieter Haardt.

Dr. Hannah Vogt (1910-1994) war Ehrenbürgerin Göttingens und eine der ersten Gefangenen im Frauen-KZ Moringen 1933. Ihre zahlreichen Briefe aus der KZ-Haft wurden 1998 im Buch „Hoffnung ist ein ewiges Begräbnis" veröffentlicht (herausgegeben von Hans Hesse, siehe beigefügtes, aktualisiertes Literaturverzeichnis im Anhang). Frau Dr. Vogt hatte als Volkswirtin und Publizistin bereits mehrere Bücher zu politischen Themen herausgegeben, z.B. 1962 das Buch „Schuld oder Verhängnis? Zwölf Fragen an Deutschlands jüngste Vergangenheit.". 1978 erhielt sie das Bundesverdienstkreuz.

Die beiden Moringer Pastoren Wolf-Dieter Haardt und Manfred Hickmann wurden im November 2019 mit dem Bundesverdienstkreuz für ihren hohen Einsatz für die lokale, bundes- und europaweite Erinnerungsarbeit und gegen das Vergessen ausgezeichnet. Sie luden in den 1980er Jahren überlebende ehemalige Gefangene zu den jährlichen Gedenktreffen nach Moringen ein. Damit legten sie den Grundstein für die Gründung der Lagergemeinschaft und Gedenkstätte KZ Moringen e.V., die 1989 erfolgte. Eine Beitrittserklärung finden Sie im Anhang dieses Heftes und diese sei Ihnen sehr ans Herz gelegt.

Im Jahr 1993 konnte die KZ-Gedenkstätte Moringen eröffnet werden. Dazu benötigte es das beharrliche bürgerschaftliche Engagement vor Ort und in der Region genauso wie die Unterstützung seitens des Landes Niedersachsen, des Bundes, des Landkreises Northeim und der Stadt Moringen.

Der historischen und europaweiten Bedeutung Moringens nach hätte gleich nach 1945 eine würdige Gedenkstätte eröffnet werden müssen. Erst 48 Jahre nach Ende der NS-Diktatur, also fast fünf Jahrzehnte später, hatten Überlebende und die Zivilgesellschaft nun einen würdigen Gedenk-Ort erkämpft.

Diese Neuauflage der „Dokumentation" geht auf eine Idee Wolf-Dieter Haardts und mir zurück und soll Sie einladen, sich über das Geschehene intensiv zu informieren und die KZ-Gedenkstätte bei einer Führung zu besichtigen. Wer gern im Internet oder Bücherregal recherchieren möchte, findet im Anhang entsprechende umfassende Literatur-Hinweise.

Der Forschungsstand ist seit der Erstauflage dieser Dokumentation weitergegangen. Auch sind in der Zukunft z.B. durch Archivfunde und das Knüpfen von Kontakten und Kooperationen weitere Erkenntnisse zu erwarten. Dies gelingt am besten durch einen Ausbau der haupt- und ehrenamtlichen Kräfte und der räumlichen Bedingungen vor Ort.

Die Lagergemeinschaft und Gedenkstätte KZ Moringen e.V. benötigt auch weiterhin engagierte Mitstreiterinnen und Mitstreiter, die sich für die Botschaft „Nie wieder Faschismus" einsetzen.

Arno Schelle

INHALTSVERZEICHNIS

Vorwort (Pfarrer Wolf Haardt)

"Schutzhaft - Strafe ohne Straftat und Urteil"

Die Errichtung des KZ Moringen

Das Männerlager

Das Frauenlager

     Die Zeit von Juni bis Dezember 1933

     Moringen als zentrales Frauen-KZ

Das Jugendschutzlager Moringen

     Eine Fundgrube für Kriminalbiologen

     Das "Block-System"

     Kaserne und KZ als Vorbild

     Arbeit als Erziehungs- und Ausbeutungsmittel

     Das Lagerpersonal

     Die Opfer

     Die Auflösung des Lagers 1945

Die Totenliste

"Macht es anders!" Stellungnahme von Oda Fresenius für die jüngere Generation in der Gedenkfeier für die Opfer des Jugendschutzlagers Moringen am 17.11.1982 in der Sixti-Kirche in Northeim.

"Was denn, hier - in Moringen?!"

"Aber sicher! Wußtest Du das nicht?"

"Nein, sag mal genau . . ."

So oder so ähnlich fing eines Tages das Gespräch zwischen meinem
Kollegen im Moringer Pfarramt und mir - irgend wann im Sommer 1973 -
an. Wir hatten uns zusammengesetzt und wollten einen Plan für die
Gemeindearbeit aufstellen, für Herbst- und Winterhalbjahr. Da er-
wähnte er plötzlich das "KZ Moringen". Ganz beiläufig. Ich war
vollkommen überrascht. War es doch erst knapp 3 Wochen her, daß
ein Mitglied der Evangelischen Jugend Moringen mit einer Gruppe
der Aktion Sühnezeichen nach Auschwitz gefahren war. Auschwitz -
das größte Konzentrations- und Vernichtungslager der Nazi-Diktatur.

Da fährt einer von uns nach Auschwitz - und dann höre ich, daß es
hier in Moringen, in der Gemeinde also, in der ich seit Januar 1973
als Pastor bin, ein KZ, ein Konzentrationslager gegeben hat. Mein
damaliger Kollege hatte schon vorher - er war hier 1971/72 Vikar
- etwas davon gehört. Von seinem Vikariatsleiter. Von dem stammte
auch der Hinwas, daß der Friedhofsverwalter weitere Informationen
habe.

Das interessierte mich! Also hin zum Friedhofsverwalter. "Ja",
sagte der, "da liegen ungefähr 40 bis 50 Jungs auf dem Friedhof."
"Was für Jungs?" "Na - aus dem Jugendschutzlager." "?" "Während
des Krieges war hier doch so ein Jugend-KZ. Genannt Jugendschutzlager". - Ich war platt. Er zeigte mir die Stellen, wo die Gräber
der Jugendlichen waren. Nur Gras. Keine Kreuze, keine Steine,
keine Einfassung. Aber die Stellen wußte er genau. "Ja, die stehen
alle in unserer Gräberliste. Hat damals mein Großvater alles genau
eingetragen." Die Liste findet sich nicht gleich. Er verspricht,
sie herauszusuchen.

Wie sind sie gestorben, frage ich mich. 40 bis 50 Jugendliche.
Das kann doch kein Zufall gewesen sein! Hat man sie ermordet? Hat
man eine schlimme Krankheit nicht behandelt? Auf der Flucht erschossen? Zu Tode geprügelt? Keiner weiß es. Wenn ich bei Besuchen
davon anfange und nach dem KZ frage, ist oft die gleiche Reaktion:

man spricht nicht (gern) darüber. Trotzdem bekomme ich nach und
nach einiges heraus: Etliche der damals als "Jugendschutzlager"
genutzten Gebäude stehen (1973) noch. Heute ist dort das Nieder-
sächsische Landeskrankenhaus. Eine geschlossene Anstalt ...

Schon vor dem 2. Weltkrieg gab es KZ-Häftlinge in Moringen.
Erwachsene. Hauptsächlich Frauen. Die Informationen darüber sind
noch spärlicher. Viele, die damals gelebt haben, sagen "Nie
gehört". Anscheinend ist nach 1945 die KZ-Vergangenzeit in Moringen
totgeschwiegen worden. Anders kann ich mir nicht erklären, daß
z.B. ein Moringer Bürger, als er mit einer Schulklasse eine Reise
nach München unternahm, beim Besuch der Gedenkstätte des KZ Dachau
zum ersten Mal "Moringen" unter den Konzentrationslagern (auf der
großen Gedenktafel) entdeckte. Er soll schockiert gewesen sein ...

Die Moringer Pastoren wollten mehr wissen. Was war damals wirklich
geschehen? Wir schrieben an das Institut für Zeitgeschichte in
München und erhielten Hinweise auf die Frauen-Abteilung des KZ im
damaligen "Werkhaus".

Was aber war mit dem Jugend-KZ?

Im Jahr 1974 fuhr ich zum ersten Mal mit 25 Jugendlichen (die
meisten aus Moringen) nach Auschwitz. Unsere besondere Motivation
ergab sich aus der Tatsache, daß in unserem eigenen Wohnort ein
KZ gewesen war. In Auschwitz im Archiv fanden wir unter anderem
Dokumente des Reichssicherheitshauptamtes Berlin. Darunter Rundschreiben an die SS-Kommandanten der Konzentrationslager.

In der Anschrift kam meistens (besonders bei Anweisungen für Einsatz bei der Ernte o.ä.) auch "Moringen" vor, in einer Reihe mit
den anderen bekannten Konzentrationslagern, fein säuberlich nach
dem ABC geordnet, mehrere Zeilen in jedem dieser Rundschreiben.

Aus Auschwitz zurück, gingen unsere Nachforschungen weiter. 1975
kam der Kontakt mit einem früheren Mitarbeiter des Bundesarchivs
Koblenz zu-stande: zu Dr. Heinrich Muth aus Bendorf/Rhein.
Dr. Muth forscht selbst in der Geschichte des Konzentrationslagers in Moringen und bestätigte uns, "daß das Lager zu den Konzentrationslagern gerechnet werden muß."

Nach weiteren Bemühungen ergaben sich immer mehr durch Dokumente belegte Informationen über die Moringer Konzentrationslager.

Im Jahr 1979 beschloss der Kirchenvorstand, auf dem kirchlichen Friedhof in Moringen einen Gedenkstein für die dort begrabenen ehemaligen Häftlinge des "Jugendschutzlagers" aufzustellen. Die Einweihung des Steins mit der Aufschrift "Zum Gedenken an die Opfer der nationalsozialistischen Gewaltherrschaft in Moringen" fand statt am 16.11.1980 - innerhalb der ersten Moringer Friedenswoche. Die uns damals bekannten Fakten und was wir inzwischen mit Hilfe von etlichen Freunden noch mehr zusammengetragen haben, wird hier veröffentlicht.

Wolf Haardt

Portal des Provinzialwerkhauses in Moringen, von 1933 - 45 als KZ benutzt, jetzt Landeskrankenhaus

"SCHUTZHAFT" - STRAFE OHNE STRAFTAT UND URTEIL

Unter Schutzhaft verstand man bis zur Perversion (Umkehr, Verkehrung) aller Rechtsbegriffe durch den Nationalsozialismus eine
p o l i z e i l i c h e Verwahrung, zu der die Polizeibehörden
unter zwei Umständen befugt waren, nämlich
- a) zum eigenen Schutz dieser Personen,
- b) zur Beseitigung einer bereits eingetretenen Störung der
öffentlichen Sicherheit oder Ordnung oder Abwehr einer unmittelbar bevorstehenden Gefahr, falls die Beseitigung der
Störung oder die Abwehr der Gefahr auf andere Weise nicht
möglich ist.

So steht es im § 15 des Polizeiverwaltungsgesetzes vom 1.6.1931.
Nach diesem Gesetz mußten so in Haft Genommene "spätestens im Lauf
des folgenden Tages aus der polizeilichen Verwahrung entlassen
werden." Im übrigen konnte man nur auf Grund r i c h t e r -
l i c h e r Haftbefehle in Untersuchungshaft genommen werden, wenn
hinreichender Verdacht auf Täterschaft und sog. "Verdunkelungs-
gefahr" bestand.

Als nach dem Reichstagsbrand vom 27.2.33 die "2. Notverordnung zum
Schutz von Volk und Staat" erlassen wurde, hatte Deutschland auf-
gehört, ein Rechtsstaat zu sein, in dem der Einzelne unveräußer-
liche Grundrechte gegenüber dem Staat geltend machen kann. Es hieß
in § 1 dieser Verordnung:

"Die Artikel 114, 115, 117, 118, 123, 124 und 153 der Ver-
fassung des Deutschen Reiches werden bis auf weiteres außer
Kraft gesetzt. Es sind daher Beschränkungen der persönlichen
Freiheit, des Rechts der freien Meinungsäußerung, einschließlich der Pressefreiheit, des Vereins- und Versammlungsrechts,
Eingriffe in das Brief-, Post-, Telegrafen- und Fernsprech-
geheimnis, Anordnungen von Haussuchungen und von Beschlag-
nahmen sowie Beschränkung des Eigentums auch außerhalb der
sonst hierfür bestimmten gesetzlichen Grenzen zulässig."

Von da an benutzte man den Begriff "Schutzhaft", um ohne gesetz-
liche Beschränkung mißliebige Bürger auf beliebig lange Zeit in
Haft zu halten. Schutzhaft wurde zu einer Strafe ohne Straftat und
Urteil. Sie wurde aus den lächerlichsten Anlässen verhängt (s.
Schutzhaftbefehl gegen Grete Dankwart). Bezeichnenderweise wurde
später auch bedenkenlos von "V o l l s t r e c k u n g" einer
Schutzhaft gesprochen - ein Begriff, den es früher (und heute wie-

6

der) nur für die Ausführung einer gerichtlich ausgesprochenen Strafe gab. Als die Gefängnisse sehr bald nicht mehr ausreichten, die
Menge der "Schutzhäftlinge" (in erster Linie Funktionäre und Mitglieder der Kommunistischen Partei) aufzunehmen, wurden besondere
"Sammellager" eingerichtet, die den offiziellen Namen "Konzentrationslager" (abgekürzt KL) erhielten. Im Volksmund kürzte man: KZ.
Ein solches Lager wurde durch Kommandobefehl vom 8.4.33 im Provinzialwerkhaus M o r i n g e n eingerichtet.

DIE ERRICHTUNG DES KONZENTRATIONSLAGERS MORINGEN

Im Bereich des Polizeipräsidenten der Provinz Hannover wurden u.a.
das Munsterlager bei Soltau und die Moorgebiete bei Cuxhaven als
mögliche Sammellager in Erwägung gezogen. Dann tauchte der Vorschlag auf, das Provinzialwerkhaus in Moringen[*] für den Zweck zu
benutzen und am 5.4.33 fand ein Lokaltermin statt, der dazu führte,
daß schon am 11. und 12. April die ersten hundert Schutzhäftlinge

in Moringen eintrafen. Dies geschah keineswegs bei Nacht und
Nebel, sondern vor aller Augen, und die Presse nahm ausdrücklich
Notiz davon. Daß von den arbeitslosen SS- und SA-Männern in Moringen nun dreißig als Hilfspolizisten in Lohn und Brot kamen,
wurde positiv vermerkt. Die Geschäftswelt wurde auf die durch er-
höhten Umsatz zu erwartenden Gewinne aufmerksam gemacht.

Aber es gab auch Moringer Bürger, die das Lager von innen kennen
lernen mußten. Wie es damals zuging und welchen Schrecken die Verhaftung unbescholtener Bürger bei ihren Angehörigen auslöste,
schilderte der Bruder eines Verhafteten in einem Interview vom
15.7.1982:

-----

[*] Das Werk- oder Arbeitshaus war eine Einrichtung, die der
Sicherung und Besserung dienen sollte und in der Arbeitsscheue,
gewerbsmäßige Bettler, sog. Liederliche, Prostituierte usw. zur
"Arbeit angehalten und an ein gesetzmäßiges und geordnetes Leben"
gewöhnt werden sollten. Der disbezügl. § 42 des Strafgesetzbuches
und die dazu erforderlichen Anstalten sind heute abgeschafft.

Kommando der Schutzpolizei.   **1570**   Hannover, den 8. April 1933.
___S.b.___

K o m m a n d o b e f e h l .

Betrifft: Unterbringung und Bewachung politischer Polizeihäftlinge im
Provinzialwerkhaus in M o r i n g e n .

1.) Auf Anordnung des Herrn Regierungspräsidenten wird für etwa 300 Polizeihäftlinge ein Konzentrationslager in Moringen (Reg. Bez. Hildesheim) im
dortigen Provinzialwerkhaus eingerichtet.

2.) Die Schutzpolizei Hannover ist bis auf weiteres mit der Bewachung dieses
Konzentrationslagers beauftragt. Über Handhabung des Aufsichtsdienstes
und Betreuung der Gefangenen ergeht direkte Anweisung durch den Sachbear-
beiter bei der Regierung, Polizei-Major Bergin.

3.) Hierzu ordne ich an:
Es wird ein Bewachungskommando von 1 - 20 gebildet.
Kommandant des Konzentrationslagers: Polizei-Oberleutnant M ü l l e r ,
      Vertreter: Polizei-Meister W a r n e c k e .
Kräfte: Pol.-Oberwachtm. Tietze, 2. Ber., Pol.-Oberw. Probst, 3. Ber.,
Pol.-Hauptw. Klingenberg, G., als Wachthabende.
Pol.-Wachtm. Sander I, Niewand, Schafberg, Tusch, Grass, Oberheide,
2. Ber., Büscher, Schlenkermann, Pannhorst, Queren, Paulmann, 3.Ber.,
Müller,(Herbert,) Vierus, Vierke, Brösske, Ölfermann, 4. Ber.
(Büscher und Brösche als Schreiber.)

4.) Ausrüstung und Bewaffnung gemäss Ausrüstungsmerkblatt II a (Rd. Erl. des
M.d.J. v. 27.7.32 - Grosser Aufsichtsdienst mit auswärtiger Übernachtung).
Anzug: 2. Garnitur.
Ausserdem: 2 M.P. mit je 120 Schuss, (stellt 2. und 3. Ber. je eine) ,
      1 Leuchtpistole mit 1 Satz Munition, 2 Ferngläser, (stellt 4.Ber.)
      2 Feldstecher, (stellt 3. Ber.) , 1 Garnitur Bettwäsche für jeden
      Beamten, 1 Faustball, (stellt 2. Ber.), 1 Handball (stellt 3.Ber.

5.) Marschtag: 10.4.1933, Abfahrt: 13 Uhr.
Hierzu stellt 3.K. einen L.K.W., der die Beamten des Bewachungskommandos
von den Unterkünften abholt.
Die Beamten haben sich ab 12 Uhr marschbereit zu halten.

6.) Vorkommando: Polizei-Oberleutnant Müller, der bereits am 8.4. abfährt.

Für die Richtigkeit: gez. von der Esch.

Polizei-Meister.

Verteiler: R.P. = 1, P.O. = 1, I A = 1, S = 4, S I = 1, S II = 1, 1. - 4.
Ber. je = 4, S.K. = 1, W = 3, Sch = 1, G = 1, Rev.8 = 1,Oblt.Müll
Reserve 4 = zus. 25.

Interviewer (I.) Können Sie mir schildern, wie Ihr Bruder ver-
haftet worden ist?
Puchmüller (P.) Das werde ich nicht vergessen. Das war im April
1933. Gleich nach der Verhaftung meines Bruders August kam meine
Mutter ganz aufgeregt zu mir gerannt und teilte mir mit stockender
Stimme mit, was geschehen ist. Ich vergesse nicht, was sie damals
zu mir sagte: "August hat doch keinem etwas getan. Was soll das
bloß bedeuten? August wollte wie jeden Morgen zur Arbeit gehen.
Er hatte gerade gefrühstückt. Da standen plötzlich zwei Männer in
Zivil in der Tür und sagten kurz: "Geheime Staatspolizei. Frau
Puchmüller, wir müssen Ihren Sohn mitnehmen. Er wird nur verhört.
Dann kann er wieder nach Hause!" Meine Mutter beteuerte immer
wieder: "Mein Sohn hat doch keinem etwas zuleide getan! Warum
nehmen Sie ihn mit?" Die Antwort der beiden Beamten: "Wir haben
unseren Auftrag. Wir können Ihnen keine weitere Auskunft geben."
Dann nahmen sie meinen Bruder in die Mitte und verließen umgehend
das Haus.
I. Wußten Sie, wußte Ihre Mutter, wohin Ihr Bruder gebracht wurde?
P. Meine Mutter und ich hatten keine Ahnung. Wir wußten nicht,
wie lange er wegblieb und wohin er gekommen war. Zwar versuchte
ich noch am gleichen Tage, beim hiesigen Ortsgruppenleiter etwas
über meinen Bruder in Erfahrung zu bringen. Aber leider war das
vergeblich. Dort erhielt ich nur schroffe Abfuhr: "Da ist die Tür,
ich kann dir keine Auskunft geben!" Rein zufällig erfuhr ich erst
nach drei Tagen von einem Moringer SS-Mitglied, daß mein Bruder
in das hiesige KL gekommen war.
I. Können Sie mir sagen, aus welchem Grunde Ihr Bruder verhaftet
worden ist?
P. Ich nehme an, daß es seine Mitgliedschaft in der KPD war. Er gehörte dem Vorstand der Moringer KPD an. Das war alles. Wohlgemerkt:
Mein Bruder hatte sich nichts zuschulden kommen lassen. Er war ein
arbeitsamer Mensch. Auf Grund seiner politischen Arbeit ihn zu ver-
haften, fand ich völlig unverständlich. Das war klare Freiheitsberaubung, ein unmenschliches Verhalten. Mein Bruder war nicht der
einzige Moringer Bürger, der verhaftet wurde. Es wurden noch vier
weitere Moringer Bürger verhaftet und in das KL Moringen gebracht.

Drei davon gehörten der KPD an, der vierte war SPD-Mitglied. Alle
vier Personen waren gleichermaßen unbescholtene Bürger. Alle gingen
ihrer Arbeit nach. Aber sie waren Mitglieder einer anderen Partei
als der herrschenden NSDAP."

Aus der Heimat.
Moringen, den 12. April 1933.

* **Unterbringung politischer Gefangener im Werkhaus.** In der vorigen Woche fanden im Provinzial-
Werkhaus mehrere Besichtigungen und Besprechungen
zwischen Vertretern des Oberpräsidenten, der Regierungspräsidenten in Hannover und Hildesheim und dem Landes-
direktorium und der Direktion des Werkhauses in Moringen
statt, um festzustellen, ob das Werkhaus geeignet sei zur
Aufnahme einer größeren Zahl politischer Gefangener.
Die Direktion hat daraufhin das Werkhaus so umorganisiert,
daß das Hauptgebäude zur Aufnahme der Gefangenen zur
Verfügung gestellt werden konnte. Um einen ausreichenden
Schutz zu gewährleisten, hat die staatliche Polizei in
Hannover einen Offizier und 20 Schutzpolizisten zur Verfügung gestellt, die durch 30 Hilfspolizisten, gestellt von
der SS., SA. und dem Stahlhelm aus Moringen, ver-
stärkt werden. Die Verpflichtung der Hilfspolizei fand am
Sonnabend durch den Landrat von der Schulenburg statt.
Am Montag hat die Schutzpolizei Hannover ihr Quartier
im Werkhaus bezogen. Das Werkhaus ist vorbereitet zur
Aufnahme von 300 Gefangenen, von denen 200 aus dem
Regierungsbezirk Hannover und 100 aus dem Regierungsbezirk Hildesheim kommen. Am Dienstag, dem 11.
d. Mts. sind unter starker Bedeckung der Schutzpolizei auf
Lastwagen 100 Gefangene von Hannover eingeliefert. Die
Gefangenen aus dem Regierungsbezirk Hildesheim werden
heute in kleineren Trupps erwartet. Weitere 100 Gefangene
aus dem Regierungsbezirk Hannover werden ebenfalls heute
oder morgen hier eintreffen. — Wie sehr auch an sich die
Notwendigkeit der Inhaftierung dieser irregeleiteten Volksgenossen zu bedauern ist, so bedeutet doch ihre Ueber-
führung in das hiesige Werkhaus für unsere Stadt ein
außerordentlicher wirtschaftlicher Gewinn, da, wie wir gehört haben, die Direktion nach Möglichkeit alle notwendig
werdenden umfangreichen Aufträge der hiesigen Geschäftswelt zukommen läßt.

DAS MÄNNERLAGER IN MORINGEN

Anfang Mai 1933 befanden sich im KL Moringen bereits 300 männliche
Häftlinge. Die Höchstzahl wurde am 1.9. mit 394 Gefangenen erreicht. Am 28.11. wurde das Männerlager aufgelöst und die rest-
lichen Gefangenen nach Oranienburg transportiert.

Bis zum 26.7. unterstand das Lager dem schon genannten Polizeikom-
mando aus Hannover. Die Polizei hielt sich an eine am 18.4. er-
lassene Hausordnung und an einen Strafenkatalog, der Entzug der
Paket- und Brieferlaubnis, die Verhängung von Einzelhaft und teil-
weisen Essensentzug vorsah, aber keine Körperstrafen. Der Kommandant bemühte sich um eine politische "Umerziehung" der Häftlinge,
indem er sie beispielsweise am 1. Mai auf den Pfingstanger von
Moringen marschieren ließ, wo sie über Lautsprecher die Reden von
Hitler und Goebbels hören konnten. (S. K. Mlynek in "Hannover
1933", S. 77). Am gleichen Tage wurden sie auch von dem Reichsredner der Nationalsozialistischen Betriebsorganisation (NSBO) bearbeitet. Laut Bericht im "Northeimer Beobachter" vom 2. Mai 33
sollen sich 60 Häftlinge zur NSBO angemeldet haben. Die Unver-
schämtheit oder der Zynismus, mit dem der Reporter annimmt, unter
den überzeugten Kommunisten (er nennt sie "Verstockte") würden
wohl viele das gute Essen und das Singen nationaler Lieder der
Freiheit vorziehen, ist beispiellos und zeigt, wie weit die Gleich-
schaltung des Denkens schon fortgeschritten war. Auch die "Göttinger Nachrichten" lieferten ihren Lesern ausführliche Berichte.

In den ersten drei Monaten wirkte sich sowohl das Polizeiregime
als auch die Verflechtung mit den Werkhaustraditionen für die Gefangenen günstig aus. Nur so ist es zu erklären, daß sich im Juni
die Häftlinge zutrauten, mit dem alten Kampfmittel der Wehrlosen,
dem

Hungerstreik,

um eine Verbesserung der Haftbedingungen zu kämpfen. Sie lebten,
wie einer der maßgebenden Organisatoren, August Baumgarte später
schrieb, "noch immer in den Vorstellungen der Weimarer Demokratie
von Recht und Ordnung":

Fruchtbringende NSBO-Arbeit in dem Konzentrationslager Moringen.

Während draußen, im Lande unzählige Arbeiter den marxistischen Gewerkschaften entfliehen und sich in die Reihen der NSBO begeben, ist die Regierung Adolf Hitlers auch, getreu ihrem Grundsatz, alle deutschen Menschen zu einer Volksgemeinschaft zusammenzufassen, bedacht, die von Marxisten und Kommunisten verführten Volksgenossen, die heute noch aus Gründen der Staatssicherheit ihrer Freiheit beraubt sind, zu guten deutschen Volksgenossen zu erziehen. Ein Blick in das Konzentrationslager in Moringen, das im Werkhaus untergebracht ist, zeigt, daß die Leitung des Hauses diesem Wunsche der Regierung mit allen Mitteln gerecht zu werden versucht. Der Lagerkommandant, Herr Oberleutnant Müller, hat es binnen kurzer Zeit verstanden, durch eiserne Disziplin und peinliche Ordnung, verbunden mit einer verständnisvollen individuellen Behandlung der Inhaftierten, aus den über 300 aus allen Kreisen der Provinz zusammengewürfelten politisch verführten Menschen eine disziplinierte Menschenmenge zu gestalten, die dem Marxismus bestimmt einmal den Rücken kehren wird für immer. Die NSBO hatte es sich gestern zur Aufgabe gemacht, durch ihren Reichsredner Pg. Brümmer-Hannover die bereits durch die Lagerleitung vorbereitete politische Umstellung der Inhaftierten noch zu vertiefen. Im großen Saale des Werkhauses waren alle bis auf 12 in Einzelhaft befindlichen Inhaftierten versammelt, die den aufklärenden Worten des Redners mit aller Aufmerksamkeit lauschten.

Der zielbewußten Idee Adolf Hitlers stellte er den Juden Karl Marx mit seiner völkervernichtenden Irrlehre und die verderblichen Folgen des Marxismus und Kommunismus gegenüber, die sie hinter die Gefängnismauern gebracht hätten. Der Redner ließ keinen der Gefangenen im Unklaren, daß Nationalsozialismus verantwortungsvolle Arbeit im Volksganzen heißt und daß sie alle die strengste Bestrafung treffen würde, wenn sie, einmal in Freiheit gesetzt, sich wieder marxistisch oder kommunistisch betätigen würden. In seinen Schlußworten schilderte er die Bedeutung des 1. Mai und die neue Volkswirtschaft. In das dreifache Siegheil stimmten alle mit erhobenen Händen ein und sangen stehend das Horst Wessel-Lied. Nach der Ansprache meldeten sich über 60 zur NSBO, die nun nach gründlicher Nachforschung über ihr Vorleben wohl bald der Volksgemeinschaft eingegliedert werden. Die anderen bleiben in Einzelhaft, oder werden zu Arbeiten an Feldmarkswegen, in der Weberei oder im Werkhaus herangezogen und weiter durch Vorträge, Zeitungen und individuelle Behandlung solange "bearbeitet", bis sie sich von ihrer Irrlehre abgewandt haben. Verbrecher bleiben in Haft. Vielleicht sind aber auch viele unter den "Verstockten", denen das disziplinierte Leben, das gute Essen, das Turnen am Reck und Barren, das Singen nationaler Lieder nach Guitarre und Mandoline und der ruhige Schlaf des "Gerechten" gefällt, und die Freiheit aus diesem Grunde meiden wollen.

"Northeimer Beobachter" vom 2.5.1933

"Im März wurden wir als "Schutzhäftlinge" (von Hannover) nach Moringen überführt und in das sogenannte Arbeitshaus gesperrt. In zwei großen Sälen lagen 280 Kommunisten, 30 Sozialdemokraten und 20 Mitglieder anderer Parteien. Am 2. Mai wurde eine Amnestie erlassen. Etwa 100 Häftlinge durften nach Hause. Nach und nach wurden neue eingeliefert. Zuerst durften wir in Arbeitskolonnen als "Freiwillige" Wege und Straßen bauen - unter Bewachung von SA-Leuten. Dann wollte man uns zur Arbeit zwingen. Wir forderten tarifliche Bezahlung. Wir hatten abgesprochen, alles gemeinsam zu tun. Die SA versuchte, uns gegeneinander auszuspielen. Doch wir hielten zusammen. Das machte unsere Bewacher wild. Sie fingen an zu schlagen. Willkürlich holten sie einzelne von uns heraus und prügelten sie im Bunker. Darauf verweigerten wir alle das Essen. Es war der erste und meines Wissens wohl auch der ein-

1769   Moringen , den 24. Juni 1933 .

An

    die Regierung Hannover

       z.Hd.des Herrn Polizeimajors B e r g i n

                          in

                        H a n n o v e r .

    Die Lage im hiesigen Konzentrationslager ist unverändert
geblieben. Gestern sind 5 Schutzhäftlinge zusammengebrochen
und in der Sanitätsstelle des Werkhauses aufgenommen.5 weitere
Schutzhäftlinge sind heute morgen zusammengebrochen und sind
auf den Schlafsälen geblieben. Sämtliche 10 Schutzhaftgefangene
stehen in ärztlicher Behandlung.

    Ab heute abend 19 Uhr wird das Trinkwasser abgestellt.

                         Polizeihauptmann
                         u.Lagerkommandant .

zige Hungerstreik einer großen Gruppe. Am zweiten Tag des
Hungerstreiks drehte man uns das Wasser ab. Es war ein heißer
Sommer. Wir hatten fürchterlichen Durst. Bald hatten die sa-
nitären Anlagen kein Wasser mehr! Am dritten Tag machten die
ersten schlapp. Am vierten Tag waren viele völlig apathisch.
Da holte sich die SA Polizeikommandos aus Hannover zur Ver-
stärkung. Unter ärztlicher Anleitung versuchte man, uns
zwangsweise zu füttern.
Wir lebten noch immer in den Vorstellungen der Weimarer Demokratie von Recht und Ordnung. Wir blieben standhaft. Schließlich gab man die Fütterungsaktion auf. Nach fünf Tagen erschien eine staatliche Kommission, der wir unsere Forde-
rungen nach anständiger Behandlung, vernünftigem Essen und
tariflicher Bezahlung vortrugen. Sie akzeptierten und ließen
uns vier Wochen in Ruhe.-"
(Aus Thomas Berger "Lebenssituationen unter der Herrschaft
des Nationalsozialismus" Hannover 1981 S. 38)

Der Lagerkommandant Stockhofe berichtete am 25.6. an den Polizeipräsidenten Bergin in Hannover:
"Die Lage im hiesigen Konzentrationslager ist unverändert, der
Hungerstreik dauert damit noch voll und ganz an. Die Wasserleitung
ist am 24. ds. Mts. um 19 Uhr abgesperrt worden, sodass die Schutzhäftlinge seit dieser Zeit ohne Trinkwasser sind. Ein Häftling ist
heute zusammengebrochen und in die Sanitätsstelle des Provinzial-
Werkhauses gebracht worden. Todesfälle sind noch nicht zu verzeichnen.
Es wurde heute mittag um 12 Uhr sämtlichen Häftlingen eine Suppe
bestehend aus Haferflocken, Milch, Zucker und Butter auf die Stu-
ben gebracht und ihnen zur Einnahme angeboten worden. Sie ist auf
den Tagesräumen belassen worden, damit jeder Gelegenheit hat, eine
Mahlzeit einzunehmen."

Vier Wochen später übernahm ein Kommando der 12. SS-Standarte Hannover unter Leitung von SS-Sturmführer Egon Cordes die gesamte Bewachung des Lagers. August B a u m g a r t e , der ehemalige
Leiter des Kampfbundes gegen den Faschismus in Niedersachsen,
schrieb darüber:
"Jetzt kam die SS! Was sich nun abspielte, ist unbeschreiblich.
Jeden Tag wurden mehrere Razzien durchgeführt. Jeder, der den SS-
Leuten nicht paßte, wurde im Bunker durchgeprügelt, derartige Ex-
zesse waren an der Tagesordnung." Karl E b e l i n g aus Lauen-
stein hat berichtet:
    "Die Brutalität fing an, als die Polizei von der SS abgelöst
    und SS-Sturmführer Cordes Kommandant wurde. Er richtete einen
    Raum ein, den sie "Freudenzimmer" nannten. So mancher hat
    dieses "Freudenzimmer" kennengelernt. Ich denke besonders an
    den sozialdemokratischen Polizeirat Buchholz aus Hannover,
    der mein Tischnachbar war. Drei Tage haben wir ihn nicht ge-
    sehen. Als er wieder raus kam, sah er furchtbar aus. Ich
    denke auch an Leo Heinemann aus Hannover, der blutig auf dem
    Hofe lag ... Die Juden, die ankamen, gingen alle durch diesen
    Prügelraum ..."
(Berger, Lebenssituationen S. 38)

DAS FRAUENLAGER IM KZ MORINGEN

Am 3. Juni kamen die ersten Frauen nach Moringen. Bis zur Auflösung
des Männerlagers stieg ihre Zahl auf ca. 25. Über

Die Zeit vom Juni bis Dezember 1933

berichtet Dr. Hannah Vogt / Göttingen:

"Am 3.6.1933 wurden Marie Peix und ich als erste weibliche Schutzhäftlinge in Moringen eingeliefert. Marie Peix war die Frau des
politischen Leiters der Kommunistischen Partei in Lauterberg /
Harz. (Karl Peix war damals "untergetaucht", wurde später verhaftet und in das Konzentrationslager Buchenwald gebracht. Im Oktober
1941 wurde er im Außenlager Goslar auf Befehl des Lagerkommandanten erschossen).
Ich hatte in den letzten Monaten des Jahres 1932 und bis zum Reichstagsbrand am 27.2.33 mit Peix in Lauterberg politisch gearbeitet,
Wandzeitungen verfertigt, Material verteilt, Büroarbeit geleistet
und wurde dafür von Genossen beherbergt und beköstigt, eine sonstige "Bezahlung" gab es selbstverständlich nicht. Daß ein bür-
gerliches Mädchen (Vater Bibliotheksrat an der Universitätsbiblio-
thek Göttingen), Jahrgang 1910, Abitur 1929, sich der Kommunistischen Partei anschloß, war zwar nicht gerade alltäglich, aber in
der damaligen Krisensituation auch nicht so selten. Die "soziale
Frage" hatte uns schon im Schulunterricht beschäftigt, wir hatten
Marx, Lassalle und Bebel gelesen. Die bis zum Höhepunkt von
6 Millionen stetig wachsende Arbeitslosigkeit der Jahre 1931,32
war meiner Meinung nach schlüssig das Todesurteil des Kapita-
lismus.
Nur eine "an die Wurzeln gehende" Lösung schien mir Heilung zu
versprechen. Das Beispiel der Sowjetunion hatte damals eine eher
positive als abschreckende Wirkung. Von der Diktatur der Partei
über das Proletariat wußten wir wenig. Die großen Schauprozesse,
in denen Stalin alle seine potentiellen Gegner vernichtete, began-
nen erst 1936. Die deutsche KP war keine Splitterpartei, sondern
zählte schon 1930 nahezu 200 000 Mitglieder und mobilisierte Millionen Wähler: 1930 rd. 4,6 Millionen und in den Novemberwahlen von
1932 waren es sogar 5,9 Millionen, die im Reichstag durch 100 Abge-
ordnete vertreten waren.

15

Daß die von Moskau beeinflußte Strategie der Partei, die den Haupt-
kampf gegen die Sozialdemokraten (gegen die sog. "Sozialfaschisten")
führte, letzten Endes dem Nationalsozialismus zuarbeitete, durch-
schaute ich damals noch nicht. Hingegen hatte ich ein sehr deut-
liches, unabweisbares Gefühl, daß die KPD ein "Koloss mit tönernen
Füßen" sei und daß es ihr nicht gelingen würde, die im Programm
vorgesehene Revolution zu entfachen.

Dennoch hängte ich in den letzten Monaten des Jahres 1932 mein
Studium an den Nagel, um ganz eben diesem Programm zu dienen und
mich insbesondere der Gefahr von rechts entgegenzustellen. Der Nationalsozialismus war mir seit je zutiefst zuwider, wegen seines
überhitzten Nationalismus, seines primitiven Rassehochmuts und seines brutalen Judenhasses, den ich auch als Nichtjüdin für das entscheidende Merkmal des Nazi-Ungeistes hielt.

Am 30.1.33 triumphierte dieser Ungeist und wie ich vermutet hatte,
fanden nur ganz vereinzelte Widerstandshandlungen statt. Am 28.2.
wurden die Freiheitsrechte der Weimarer Republik außer Kraft gesetzt und massenweise Schutzhaftbefehle für die linken Gegner des
Nationalsozialismus erlassen. Einer dieser Befehle führte am 10.3.33
zu meiner Verhaftung und zur Überstellung in das Gerichtsgefäng-
nis Osterode, von wo ich am 3.6. nach Moringen transportiert wurde.

Man brachte Marie Peix und mich im Krankenzimmer des Werkhauses
unter. Innerhalb der nächsten Wochen kamen weitere Frauen hinzu
und Anfang Juli wurde in einen großen Saal umgezogen, der gleichzeitig Schlaf- und Aufenthaltsraum war. Unter den Zugängen war eine
Sekretärin aus Dresden, die von der SS geprügelt worden war und
deren Rücken noch die blauen und braunen Striemen zeigte; eine
Mutter von sechs Kindern, deren Mann ebenfalls verhaftet war und
deren Kinder den Großeltern aufgebürdet worden waren; eine Heide-
bäuerin, die mit ihrem Mann von Hof und Vieh und Acker wegge-
schleppt worden war.

Wir beschäftigten uns mit Handarbeiten, Lesen, gemeinsamem Singen.
Zur Anstaltskost (reichlich, aber eintönig) konnten wir uns ergänzend Obst, Salat u.a. hinzukaufen. Vergleicht man dies mit den
späteren Zuständen in Konzentrationslagern, so erscheint unsere
damalige Situation "idyllisch". Eine solche Betrachtung verstellt
einem aber das wesentliche, nämlich die Tatsache, daß wir alle
"rechtswidrig", ohne einen Straftatbestand, ohne einen richter-

16

lichen Haftbefehl, ohne Anklage, ohn Prozess, ohne Urteil in Haft
gehalten wurden. Niemand wußte, wie lange dieser Zustand dauern
würde. Die Beamtinnen des Werkhauses, die außer den Prostituierten
nun auch noch uns zu überwachen hatten, schüttelten oft genug den
Kopf und drückten ihr Unverständnis darüber aus, daß "unbescholtene" Frauen wie wir überhaupt gefangen gehalten wurden.

Solange der Werkhausdirektor Krack und die von Hannover abgeord-
neten Polizeibeamten die Leitung des Lagers hatten, wurden wir in
keiner Weise belästigt, sondern korrekt "verwahrt". Als die SS
Ende Juli die Lagerleitung übernahm, änderte sich das. Sehr bald
drang die Nachricht zu uns, daß im Männerlager, in eigens dafür bestimmten Zellen im Souterrain, geprügelt würde. Bald darauf wurde
den aus- und einrückenden Trupps der außerhalb arbeitenden Häftlinge verboten, das Lied "Wilde Gesellen vom Sturmwind verweht"
zu singen, dessen Refrain "Uns geht die Sonne nicht unter" oft
ermutigend zu uns heraufgeklungen war. Post- und Paketempfang wurden verschärft. In einer Woche erhielten wir drei Tage lang kein
Mittagessen, weil auf dem Tempelhofer Feld in Berlin die am 1. Mai
gepflanzte Hindenburg-Eiche zerstört worden war. Wie man uns sagte,
wurde diese kollektive Strafmaßnahme an unzweifelhaft Unschuldigen
in allen KZ-s durchgeführt.

Die SS ließ sich nun auch unsere Umerziehung angelegen sein. Der
erste SS-Lagerleiter Cordes ließ mich z.B. vorführen und versuchte
mir klarzumachen, welche Chancen ich als Studentin hätte, wenn
ich mich der "Bewegung" anschließen würde. Ihre Erfolge seien doch
überall sichtbar. Ich konnte darauf nur antworten, daß ich mir ein
Urteil darüber nur in Freiheit, nicht im Lager bilden könne. Bald
darauf hielt man es für richtig, mich durch Einzelhaft von den anderen Häftlingen zu trennen, weil man den Einfluß einer Intellek-
tuellen für besonders gefährlich hielt. In diese Zeit fiel der
neue Erlaß, der den "Deutschen Gruß" im Konzentrationslager ein-
führte. Man teilte uns diese Anordnung als besondere Vergünstigung
mit - typisch für die Verlogenheit des neuen Regimes, das so seine
Gegner zwang, Hitler "Heil zu wünschen". Auf dem Wege der Flüster-
propaganda hatte man uns aus der Männerabteilung den Rat zukommen
lassen, den Gruß nicht zu verweigern, weil es sich nicht lohne,
sich dafür zusammenschlagen zu lassen. Auch mich hatte man das

Konzentrationslager   **1831**   Moringen , den 1.September 1933
Tgb.Nr.: 276/33 .K.

            An
                die Regierung Hannover
                z.Hd.des Herrn Polizeimajor B e r g i n
                                                in
                                    H a n n o v e r .

        B e r i c h t .
        1) B e l e g u n g s s t ä r k e .

                                                    Männ. Frauen.
Bestand am 24.8.1933.....................   359   26
Es kamen am 25.8.1933 hinzu..............   5   (Kr.Alfeld)
" . "   " 28.8.1933 "   4   (3 Kr.Zellerfeld
                                                            1 Ger.Gef.North.zk.
" "   " 30.8.1933 "   11   (7 St.Hannover
                                                            1 Ger.Gef.Hann.zk.
                                                            3 Kr.Osterode) •
" "   " 31.8.1933 "   1   (1 Kr.Peine)

                            Sa.=   380   26

Es wurden am 25.8.1933 entl..............   1   (1 Lkr.Hannover)
"   "   " 26.8.1933 "   1   (1   "   "   )
"   "   " 29.8.1933 "   2   (1 St.   "
                                                            1 Kr.Osterode)
"   "   " 30.8.1933 "   7   (6 St.Hannover
                                                            1 Kr.Northeim)
"   "   " 31.8.1933 "   1   (1 St.Hannover)

    Bestand am 31.August 1933   Sa.=   369   25   = 394
            Davon aus den Regierungsbezirken :
Hannover.Lüneburg.Hildesheim.Osnabrück.Merseburg.
  183+1   24+1   137+5   25+-   - +18 = 394 Schutzhaftgefangene.

        2) Betr. Schutzhäftlinge .
    Wegen Ungeziofergefahr ist ab 1.9.1933 der militärische Haarschnitt an-
geordnet.
    Ebenfalls ist ab 1.9.1933 der „ Deutsche Gruß " bei den Schutzhaftgefan-
gehen eingeführt .

                            SS-Sturmhauptführer u.Lagerkommandant .

wissen lassen, und ich war durchaus willens dem Rat zu folgen.
Als ich indessen bei meinem täglichen Alleinspaziergang im Hof
den neuen Lagerkommandanten Flohr und seine Begleitung hätte grü-
ßen müssen, blieb mir wider Willen der Arm unten. Geschlagen wurde
ich deshalb nicht, aber mit einigen Tagen Dunkelarrest bestraft.

Anschließend wurde meine Einzelunterbringung aufgehoben. - Zu den
Erziehungsmaßnahmen gehörte auch, daß wir Hitlers Reden im Radio
hören und daß wir uns Tageszeitungen halten konnten.

Ende November kündigte die Regierung einen "Gnadenerlass" an, in
dessen Vollzug ich Mitte Dezember aus Moringen entlassen wurde und
ins Elternhaus zurückkehrte. Wie sehr ich dabei vom Glück begün-
stigt war, konnte ich später ermessen, als ich erfuhr, wie viele
Funktionäre der KPD jahrelang in den immer höllischeren Lagern
festgehalten oder umgebracht wurden. Für mich blieb als empfind-
lichste diskriminierende Maßnahme die Relegation von allen deutschen Universitäten. Ich konnte also das abgebrochene Studium
nicht·fortsetzen und suchte als Physiklaborantin in Berlin meinen
Unterhalt.

Moringen hatte mir eine entscheidende Erkenntnis vermittelt: die
Erkenntnis, was Diktatur wirklich bedeutet, in der Praxis. Mein
Vater hatte mir am 23.6. einen Brief geschrieben, der mir die Wirk-
lichkeit draußen nahebringen sollte, einen Brief von bemerkens-
werter Klarsicht, an dessen Offenheit die zensierende Polizeilager-
leitung keinen Anstoß nahm. Darin hieß es u.a. "Wir haben die Diktatur und zwar eine Diktatur, die die Intoleranz zum Gesetz oder
doch mindestens zum Prinzip erhoben hat, genau wie in Rußland;
eine politische Betätigung gibt es in Deutschland nur noch im
nationalsozialistischen Sinne, in keinem anderen mehr. Es gibt
keine Presse- und Versammlungsfreiheit mehr ... Die Macht Hitlers
und der NSDAP ist ebenso absolut und unerschütterlich wie die
Macht der KP in Russland." Ich dachte viel darüber nach, und konnte mich nicht darüber betrügen, daß z.B. das gänzliche Fehlen der
Pressefreiheit und damit jeglicher Kritik in dem von mir erstreb-
ten politischen System auch verhängnisvolle Folgen haben müßte.
So verließ ich Moringen zwar nicht als Renegat, als Verleugner
meiner bisherigen Ziele, aber als ein Mensch, der nicht mehr bereit ist, um seiner Ziele willen die Werte Gerechtigkeit und
Freiheit als zweitrangig anzusehen."

Bericht Centa Herker-Beimler

Centa Herker-Beimler war die Frau des bayrischen KPD-Reichstagsabgeordneten Hans Beimler. Am 5.3. 1933 ging sie mit ihrem Mann in die Illegalität. Hans Beimler wurde verhaftet und nach Dachau gebracht, von wo ihm am 9.Mai 1933 die Flucht gelang. Centa wurde am 21.4.1933 in der Wohnung ihrer Eltern verhaftet und saß zuerst in München, danach in Stadelheim, von wo sie im Januar 1936 nach Moringen gebracht wurde. Hans Beimler fiel im spanischen Bürgerkrieg im Dezember 1936. Centa lebt heute in München. Das bayrische Fernsehen brachte im Januar 1983 eine Sendung über sie und die Schicksale ihrer Familie.
(Der folgende Bericht ist dem Buch von Hanna Elling "Frauen im Widerstand" entnommen.)

Schnell erfuhren wir, daß die ganze Anlage ein Arbeitshaus war mit einigen hundert Männern und ca. 20 Frauen. Die "Politischen" waren im selben Bau, wir machten die Bekanntschaft mit Mädchen und Frauen aus verschiedenen Teilen Deutschlands, z.B. mit Else Steinfurth, deren Mann von den Nazis ermordet wurde, mit Martha Claus aus Braunschweig, die das gleiche Schicksal zu ertragen hatte, mit Erika Schüler, der man das im Lager geborene Kind eben weggenommen hatte.
In den nächsten Wochen kamen die alten bekannten Gesichter aus München nach, auch unsere Kameradinnen aus Franken wurden nach Moringen gebracht.
So entstand der "Bayernsaal". Einige Schwaben waren aber doch in unserer Mitte, z.B. Trudl Schlotterbeck und Trudl Mink. Wir wurden eine verschworene Gemeinschaft.
Zu dieser Zeit gab es auch schon einen "Judensaal". Die Bibelforscher hatten ihre eigenen Probleme.
Unsere Räumlichkeiten waren zwar heizbar, aber die Briketts wurden nur knapp zugeteilt, und der Winter war kalt, so mußten wir "organisieren". Waggonweise kamen die gesammelten "Winterhilfe"-Kleidungsstücke an, die wir sortieren, waschen, trennen mußten, um Neues daraus zu machen. Viele Bündel wanderten in den Kanonenofen, und wenn es auch oft fürchterlich stank, Wärme gab's doch.
Die Schlafräume unterm Dach waren sehr kalt, schwer vermummt krochen wir auf unsere Strohsäcke.
Ein Zugang kam; eine junge Frau, die bei der Gestapo fürchterlich mißhandelt worden war. In den Nächten weckten ihre Schreie alle Frauen, eine machte Licht — da lag sie schweißgebadet und schrie, bis wir sie wachgerüttelt hatten.
Eine andere kam — sie war nun unsere Jüngste. Ihre Strafe hatte sie im Frauengefängnis Aichach abgesessen — im Arrest hatte man sie fast kaputt gemacht. Unsere ganze Fürsorge und Liebe galt ihr, und so fand auch sie sich wieder zurecht.
Nach und nach kamen immer mehr Antifaschistinnen aus den Gefängnissen und Zuchthäusern ins Lager; es bildete sich eine illegale Lagerleitung, und die Verbindung zur Außenwelt klappte. Es wurde Frühling und Sommer, ein Teil der Frauen wurde zu Außenarbeiten herangezogen. In Abständen kamen politische Informationen, viele Diskussionszirkel entstanden.
So waren wir auch davon unterrichtet, daß der Faschistengeneral Franco einen Putschversuch unternommen hatte, und wir erfuhren, daß Freiwillige aus vielen Ländern der Spanischen Republik zu Hilfe eilten. Meine Gedanken suchten Hans in Spanien; die Gewißheit, daß er dort war, erreichte mich bald. Es erfüllte mich mit einer gewissen Genugtuung, daß Hans mit der Waffe in der Hand für die Spanische Republik kämpfte und nicht das Schicksal vieler Tausender Antifaschisten erleiden mußte, in einem KZ ermordet zu werden.

Ich war immer noch im Lager, dort erreichte mich auch die Todesnachricht. Die Kamerad-
schaft meiner Genossinnen half mir, das Leid zu ertragen. — Am Abend in der Schlafba-
racke sprach eine Genossin Worte des Gedenkens für Hans, dann wurde leise ein Kampflied
gesungen.

MORINGEN ALS ZENTRALES FRAUENKONZENTRATIONSLAGER

Als im Sommer 1933 weitere große Konzentrationslager im Bereich der
Provinz Hannover entstanden (Esterwegen, Papenburg, Börgermoor),
beschloß das Preussische Innenministerium, Moringen als Männerlager nicht weiter auszubauen, sondern es zum zentralen Konzentrationslager für weibliche Häftlinge zu machen. Dies geschah, nachdem
am 20.11.33 die letzten männlichen Gefangenen abtransportiert worden
waren. Mit ihnen verließ auch die SS als Lagerwache das Werkhaus und
die verbleibenden Frauen wurden dem Direktor des Werkhauses, Hugo
Krack, unterstellt. Dies war ein Mann humaner Gesinnung aus der Tra-
dition Friedrich Naumanns, dem Freund und Lehrer des späteren Bun-
despräsidenten Theodor Heuß. Da bei den zu erwartenden vermehrten
Einweisungen das weibliche Bewachungspersonal des Werkhauses nicht
ausreichte, wurden Frauen aus der NS-Frauenschaft für diesen Zweck
eingestellt.
Hanna Elling, die selbst Häftling in Moringen war, schreibt in
ihrem Buch "Frauen im deutschen Widerstand 1933-45": "Die Bedingungen, unter denen die Frauen hier leben mußten, waren zwar hart,
aber sie standen noch nicht unter dem Terror, dem später so viele
Frauen in Konzentrationslagern zum Opfer fielen." Die Belegungs-
stärke schwankte zwischen etwa 30 und 70 Häftlingen. Über

Die Einlieferungsursachen

gibt Hanna Elling folgenden Überblick:

- Funktionärinnen der Arbeiterbewegung,
- Geiseln für die illegal im Widerstand tätigen Männer,
- Verurteilte, die nach Verbüßung ihrer politischen
  Haft nicht freigelassen wurden,
- Zeugen Jehovas (Bibelforscher)[1],
- aus der Emigration Zurückgekehrte[2].

---

1) Die Internationale Vereinigung der Ernsten Bibelforscher oder
   Zeugen Jehovas war Mitte 1933 verboten worden. Anlaß dazu war vor
   allem, daß ihre Anhänger jeden Waffendienst strikt verweigerten.

2) Zu den Remigranten (Rückwanderern) gehörten vor allem Juden, die
   nach dem Abebben der antisemitischen Ausschreitungen 1934 glaub-
   ten, zurückkehren zu können, aber auch politische Emigranten. Ein
   Geheimerlaß des Reichs- und Preussischen Ministers des Inneren vom
   9.2.35 hatte angeordnet, die Rückkehrer in Schutzhaft zu nehmen, über ihre Tätigkeit im Ausland Ermittlungen anzustellen und
   Entlassungen erst vorzunehmen, wenn nichts Belastendes vorlag und
   Einfügung in den nationalsozialistischen Staat zu erwarten war.

"Die vorliegenden Schutzhaftbefehle geben u.a. als Haftgründe an:
... Unterbringung von flüchtigen Funktionären, Verdacht auf ille-
gale Tätigkeit, Schmücken der Gräber von Rosa Luxemburg und Karl
Liebknecht, abfällige Äußerungen über die Regierung ... Zwischen
1935 bis Ende 1937 wurden auch Frauen wegen "rassenschänderischen
Verhaltens" eingeliefert, und im März 1937 kamen nach im Reich
durchgeführten kriminalpolizeilichen Verhaftungsaktionen gegen
namentlich bekannte 'Berufs-, Gewohnheits- und gemeingefährliche
Sittlichkeitsverbrecher' auch wegen dieser Delikte bestrafte
Frauen nach Moringen. Auf diese Weise sollten die politischen
Häftlinge diskriminiert und in der Öffentlichkeit als 'Verbrecher'
hingestellt werden." (H. Elling, a.a.O. S. 24).

    Sta-o 7 D.540.34/Sch.   Berlin, den 29. November 1934.

Begründung der Schutzhaft.
-.-.-.-.-.-.-.-.-.-.-.-.-.-

Der Schutzhäftling,

       Grete D a n k w a r t , geb. Pieper,
       geb. am 16.12.88 zu Löbau, Berlin O.34,
       Strassmannstr. 4b wohnhaft

       wurde festgenommen, weil er am 25.11.1934 die
Gräber der Rosa Luxemburg und des Karl Liebknecht auf
dem Zentralfriedhof Berlin-Friedrichsfelde mit Blumen
geschmückt hat. Er hat dadurch auch äusserlich seine
Sympathie zum Kommunismus zum Ausdruck gebracht und sich
bewusst in Gegensatz zu der heutigen Staatsform und zur
nationalsozialistischen Weltanschauung gestellt. Sein
Verhalten und seine Handlungsweise sind geeignet, die
Öffentlichkeit zu beunruhigen.
       Das Geheime Staatspolizeiamt hat durch Erlass vom
29. November 1934 PG 1602, J.Nr. 76030 - Haft Nr. F.
137/39 II 1 D Schutzhaft bis auf weiteres angeordnet.

Aus dem Jahre 1936 stammt ein ausführlicher Bericht, der an die
Auslandsorganisation der Sozialdemokratischen Partei Deutschlands
gelangte und nach 1945 mit zahllosen weiteren Berichten in einer
umfangreichen Dokumentation von 7 Bänden (Berichte der Sopade)
veröffentlicht wurde. Unter dem Stichwort: "Der Terror" findet
sich in Band 4 ein ausführlicher und sachkundiger Bericht.

4. Bericht: Das Konzentrationslager Moringen, im Sollinggebiet bei A 57
Northeim (Provinz Hannover) ist – angeblich – das einzige Frauen-
Konzentrationslager. Es ist kein Barackenlager, sondern die Frauen sind
im Landesarbeitshaus der Provinz Hannover untergebracht.

Mit Ausnahme weniger Frauen, die in Einzelräumen liegen, sind alle
anderen in zwei Gemeinschaftsschlafsälen untergebracht, die 25 und 35
Personen Schlafgelegenheit bieten. Zumeist sind zwei Betten übereinan-
der angebracht. Als Betten dienen Strohsäcke, mit Leinen überzogen.
Zum Zudecken werden Decken geliefert. Die Schlafräume sind nicht
heizbar. Obwohl die Schutzhäftlinge im Winter vier Decken erhielten,
war die Kälte fast unerträglich. Sie haben ständig gefroren und sich
Erkältungen und andere Leiden geholt. Schon im Mai, als es noch sehr
kühl war, wurde den Frauen die beste Schlafdecke entzogen.

Die Gefangenen müssen sich mit Ausnahme des Spazierganges im
Gemeinschafts-Raum aufhalten. Der für die über 50 Frauen (die Jüdin-
nen haben einen Extra-Raum) viel zu klein ist. Es sind fünf Tafeln als
Tische aufgestellt, an denen die Frauen dicht gedrängt sitzen. Diese
Beengung, dieses ewige Zusammensein mit den vielen anderen Leidens-
gefährtinnen, die Hoffnungslosigkeit und die Sorge um die Familie
zermürben die Frauen seelisch vollständig. Nervenzusammenbrüche
waren wiederholt die Folge.

Alle sind im Ungewissen über ihre Zukunft. Den Termin ihrer
Freilassung bestimmt die Gestapostelle ihrer Heimatstadt. Die Haft-
dauer beträgt mindestens drei Monate, sie wird meist auf unbestimmte A 58
Zeit verlängert. Die Entscheidung der Gestapo wird beeinflußt von der

Führung der Gefangenen. Die Feststellung, ob sich die Gefangene
„gut" geführt hat, obliegt den diensttuenden Frauen der NS-Frauenschaft, die in allen Schutzhäftlingen marxistische Untermenschen sehen
und von Haß gegen sie erfüllt sind. Sie wechseln mit den Schutzhäftlingen kein Wort. Die Aufseherinnen der NS-Frauenschaft lösen einander
ab. Jeweils eine sitzt täglich im Gemeinschaftsraum. Sie leisten ausge-
sprochene Spitzeldienste, Jedes Wort, jede Handlung, die aus dem
Rahmen fällt, wird von ihnen „nach hinten gemeldet", d. h. der Direktion angezeigt und in den Personalakten vermerkt. Keine der Schutzhäftlinge weiß, aus welchen Gründen und wann über sie Eintragungen
erfolgen. Wenn auch diese kleinen „Vergehen" nicht auf der Stelle
gestraft werden, so wiegt um so schlimmer die Tatsache, daß die Länge
der Freiheitsberaubung davon abhängt. Mehrere Eintragungen in den
Personalakten bedeuten schlechte Führung, das hat bei der Weitergabe
an die Gestapo zur Folge, daß die Gefangene als „noch nicht reif" zur
Entlassung betrachtet wird.

Nachdem die Zahl der weiblichen Häftlinge im September 1937 mit
76 Häftlingen den höchsten Stand erreicht hatte, nahm sie danach
rasch ab. Ende 1937 waren nur noch 46 und im Februar 1938 nur noch
26 Häftlinge in Moringen. Am 21. März wurden diese letzten nach
der Lichtenburg verlegt, eine Schloßfestung im Kreis Torgau, die
seit 1933 als KZ in Benutzung war.

DAS "JUGENDSCHUTZLAGER" MORINGEN

Im Jahre 1940 wurde das Werkhaus Moringen für einen neuen Zweck
bestimmt, nämlich für die "polizeiliche vorbeugende Bekämpfung der
Jugendkriminalität". Den Beschluß dazu hatte der Ministerrat für
die Reichsverteidigung gefaßt und der Reichsminister des Inneren
hatte am 24.5.1939 dem Reichskriminalhauptamt die dazu erforder-
liche Ermächtigung erteilt.

Was mit diesem Jugendschutzlager beabsichtigt war, läßt sich aus
einem Bericht im Nachrichtendienst des "Deutschen Vereins für öf-
fentliche und private Fürsorge" vom September 1940 wie folgt ent-
nehmen (S. 174):

"Die neue Einrichtung im Rahmen der polizeilichen vorbeugenden
Verbrechensbekämpfung gilt Jugendlichen, für die trotz ihres kriminellen oder asozialen Verhaltens Fürsorgeerziehung wegen Aus-
sichtslosigkeit oder Überschreitung der Altersgrenze nicht angeordnet oder aufrecht erhalten werden kann.
Die Unterbringung im Jugendschutzlager trägt keinen Straf- oder
Sühnecharakter. Ihr Zweck ist rechtzeitiger Schutz der Gemeinschaft
vor Asozialen und Kriminellen unter Berücksichtigung der besonderen Anforderungen, die daraus erwachsen, daß es sich um noch
jugendliche Personen handelt.
Maßgebend für die Beurteilung der Führung des Jugendlichen während seines Aufenthaltes im Jugendschutzlager oder die Frage einer
Entlassung oder bedingten Entlassung wird sein, in welcher Weise
sich der Jugendliche voraussichtlich künftig in die Gemeinschaft
einordnen wird."

Diesen Absichten entsprechend wurden zunächst keine politisch auf-
fällig gewordenen Jugendlichen eingewiesen; sie bildeten später
aber etwa 10 % der Insassen. Juden und Zigeuner waren von der
Einweisung ausdrücklich ausgenommen, weil man sie als "rassisch
Minderwertige" für unerziehbar hielt. Sie wurden aber dennoch eingewiesen, wie die erhalten gebliebenen Häftlingslisten zeigen. An

Der Zielsetzung, wenigstens einen Teil der Eingewiesenen nicht nur zu "verwahren", sondern zu erziehen, ist nicht zu zweifeln. Insoweit war das Jugendschutzlager Moringen kein "Konzentrationslager" wie z.B. Dachau, Buchenwald, Oranienburg. Wenn es trotzdem im Jahre 1970 im Sinne des Bundesentschädigungsgesetzes (s. Bundesgesetzblatt vom 10.1.1970) als KZ anerkannt wurde, so hat dies seine Gründe in der Art und Weise, wie hier die "Erziehung" betrieben wurde und in der schier unmenschlichen Ausnutzung der Arbeitskraft der Zöglinge. Diese Zustände werden gleichermaßen von der Seite der Erzieher wie der Zöglinge bezeugt.

1014   Bundesgesetzblatt, Jahrgang 1977, Teil I

Lfd. Nr.	Konzentrationslager und Außenkommandos	Hauptlager der Außenkommandos
663	Janowska, siehe Lemberg	
664	Jarak, Serbien, 27. 9. 1941 bis 30. 9. 1941	
677	Jugendschutzlager Berlin-Weißensee, Kdo. v. Jugendschutzlager Moringen, ab 14. 9. 1943	
678	Jugendschutzlager Dallgow/Döberitz, Kdo. v. Uckermark, ab 1. 6. 1944	
679	Jugendschutzlager Litzmannstadt = Lodz, ab 1. 12. 1942	
680	Jugendschutzlager Litzmannstadt, Kdo. Gut Dzierzazna, ab 12. 1. 1943	
681	Jugendschutzlager Litzmannstadt, Kdo. Tuchingen = Konstantynow, ab 16. 8. 1943	
682	Jugendschutzlager Moringen, 15. 8. 1940 bis 9. 4. 1945	
683	Jugendschutzlager Volprichäusen, Kdo. v. Jugendschutzlager Moringen, 1. 7. 1944 bis 4. 4. 1945	
684	Jugendschutzlager Uckermark bei Ravensbrück, 1. 6 1942 bis 20. 4. 1945	
685	Jumpravmuiza, siehe Jungfernhof	
686	Jungfern Breschan = Panenske Brezany bei Prag/Tschech., ab 11. 2. 1944	Flossenbürg

26

EINE FUNDGRUBE FÜR KRIMINALBIOLOGEN

In einem Bericht[*], den der Essener Landgerichtspräsident am
3.7.1944 dem Oberlandesgerichtspräsidenten in Hamm über einen Besuch im Jugendschutzlager Moringen erstattete, findet sich der
Zweck des Lagers wie folgt beschrieben:

- "die Insassen nach kriminalbiologischen Gesichtspunkten
  zu sichten,
- die noch gemeinschaftsfähigen so zu fördern, daß sie ihren
  Platz in der Volksgemeinschaft ausfüllen können und
- die Unerziehbaren bis zu ihrer endgültigen anderweitigen
  Unterbringung unter Ausnutzung ihrer Arbeitskraft zu verwahren."

Die Kriminalbiologie geht auf den italienischen Psychiater C.
Lombroso zurück, der im Verfolg Darwinscher Forschungen die Lehre
vom "geborenen Verbrecher" aufstellte, der auch durch körperliche
Merkmale gekennzeichnet sei. Diese - heute wissenschaftlich wider-
legte - Lehre entsprach genau der nationalsozialistischen Weltanschauung und ihrer Auffassung vom wertvollen oder minderwertigen
Erbgut bzw. wertvollen und minderwertigen Rassen. Beim Reichs-
sicherheitshauptamt der SS in Berlin befand sich denn auch ein
kriminalbiologisches Institut, dessen Direktor Prof. Dr. Ritter
das Lager häufig aufsuchte und das einen ständigen Mitarbeiter
dorthin abgeordnet hatte. "Das Lager" so heißt es in dem oben zitierten Bericht, "ist eine Fundgrube dieses Forschungsinstituts,
das die Lagerzöglinge kriminalbiologisch untersucht, überprüft
und nach diesen Gesichtspunkten gemeinsam mit dem Lagerkommandanten differenziert." Die im Lager tätigen Kriminalbiologen hatten
vor allem Unterlagen für die Sippenforschung einzuholen, sie hatten
"Kriminalität, Verwahrlosung, geistliche Abartigkeit und Trunk-
sucht bei den Sippengenossen nachzuprüfen." (Heilbronner Bericht).
Den Kriminalbiologen oblag es auch, Jugendliche für die Sterili-
sation vorzuschlagen, was in 22 Fällen geschah und auch ausge-
führt wurde.

---

[*]   Vgl. Detlev Peukert "Die Edelweisspiraten"

DAS "BLOCKSYSTEM"

Ergebnis der kriminalbiologischen Differenzierung war das sog.
"Block"-System, das nachfolgend mit den Worten des Lagerkommandanten, SS-Sturmbannführer Kriminalrat Dieter wiedergegeben wird
(entnommen aus "Mitteilungsblatt des Reichskriminalpolizeiamtes"
Jg. 1944 S. 605-515):

1. B - Block = Beobachtungsblock:
Sämtliche Neuzugänge kommen zunächst in diesen Block. In der Regel
nach Ablauf eines halben Jahres wird der Lagerzögling durch den
Blockführer (Erzieher) eingehend beurteilt. Der Blockführer
schlägt dabei vor, in welchen der 6 anderen Blocks der Lagerzögling weitergegeben werden soll. Zu diesem Vorschlag nimmt der Kri-
minalbiologe Stellung. Die endgültige Entscheidung trifft der
Lagerkommandant.

2. U - Block = Block der Untauglichen:
Hier werden Geistesschwache und geistig Geschädigte verwahrt. Sie
sind am schnellsten zu erkennen. Meist sind sie nicht voll einsatz-
fähig und können sich in die Lagerdisziplin nur mangelhaft ein-
fügen; im freien Leben vermögen sie sich infolge ihrer geistigen
Minderwertigkeit nicht zu halten. Bei Erreichung des Entlassungs-
alters (23-25 Jahre) oder bei Untragbarkeit für das Lager erfolgt
Entlassung in eine Heil- und Pflegeanstalt oder in eine Bewahrungs-
anstalt.

3. S - Block = Block der Störer:
Hier handelt es sich um besonders schwierige Naturen (charakter-
lich hochgradig Abartige und geistig etwas Beschränkte), die in
ständigem Konflikt mit der Gemeinschaft leben und dauernd der
Sicherung bedürfen. Es sind die in engerem Sinne "Frühkriminellen",
kriminell aktiv veranlagte junge Menschen, Überrege, Erregbare,
anlagemäßig Unzufriedene, rücksichtslose Gauner, die den Nach-
wuchs der Berufs- und Gewohnheitsverbrecher bilden. Auch bei ihnen
handelt es sich um klare Bewahrungsfälle. Entlassungen erfolgen
vornehmlich in Konzentrationslager oder in eine geschlossene Bewah-
rungsanstalt.

4. D - Block = Block der Dauerversager:
Hierher gehören Charakterschwächlinge, z.B. Antriebsarme und Un-
stete, die in der Freiheit und sogar im Lager jeder größeren Belastungsprobe erliegen und einen Hang zum Abwegigen haben. Es ist die
große Gruppe der Haltlosen, zu denen mit veränderten Vorzeichen
auch die Lagerzöglinge des G - Blocks (siehe Ziffer 5) gehören.
Entlassungen aus diesem Block können nur verantwortet werden in
geschlossene, in seltenen Fällen auch in halboffene Bewahrungs-
anstalten, in besonders schweren Fällen in die Konzentrationslager.

28

5. G - Block = Block der Gelegenheitsversager:

Es sind ebenfalls haltlose, unselbständige, leichtsinnige Menschen,
die in der Freiheit hochgradig gefährdet sind, rückfällig zu werden, bei denen aber der ihnen im Jugendschutzlager gebotene Halt
für eine gute Führung dort ausreicht. Da sie meist gutwillig sind,
kommt ihre Entlassung in halboffene und geschlossene Bewahrungs-
anstalten in Frage. In einigen Fällen ist auch schon mit Rücksicht
auf den dringenden Wehrmachtsbedarf eine Entlassung zur Wehrmacht
mit einem Hinweis auf die bedingte Verwendbarkeit erfolgt.

6. F - Block = Block der fraglich Erziehungsfähigen:

Hier werden diejenigen Lagerzöglinge eingewiesen, bei denen der
Versuch erzieherischer Einwirkung aussichtsreich erscheint. Es
handelt sich meist um Ungeratene, schwer Verwahrloste, möglicher-
weise auch Spätreifende, deren Resozialisierbarkeit geprüft werden
soll. Schlägt der Versuch fehl und erweisen sie sich als unerziehbar, so erfolgt die Überstellung in einen der vorgenannten
Blocks. Ergibt sich, daß der Zögling noch zu erziehen ist, wird
er dem E - Block (Ziffer 7) überwiesen.

7. E - Block = Block der Erziehungsfähigen:

Dieser Block umfaßt Zöglinge, die von dem F-Block als erziehbar
überwiesen werden. Es sind vorwiegend Verwahrloste, schwer Er-
ziehungsgeschädigte oder Pubertätsversager. Sie sollen soweit ge-
fördert werden, daß sie später in die Freiheit entlassen werden
können. In den meisten Fällen erfolgt heute ihre unmittelbare Entlassung zur Wehrmacht. Für Wehruntaugliche wird in besonderen
Fällen, wenn die Entlassung in die Heimat nicht gleich gewagt werden kann, zunächst die Überstellung in eine halboffene Anstalt als
Übergang ins freie Leben gewählt."

Diesen Merkmalen für die Differenzierung in sechs "Blöcke" fügt
der Autor jeweils einen ausgewählten Lebenslauf hinzu. Daraus ergibt sich das typische Bild extrem ungünstiger Milieubedingungen,
verwahrlostes Elternhaus, Fürsorgeerziehung, Fluchtversuche usw.
Die geschilderten Erziehungsschwierigkeiten entsprechen weitgehend
denen, die auch heute in der Fürsorgeerziehung und im Jugendstraf-
vollzug die Geduld, Einfühlung und Zuwendung der Erzieher heraus-
fordern und nicht selten überfordern: Übererregbarkeit, Streit-
sucht, Gewalttätigkeit auf der einen, Antriebsschwäche, Unstetig-
keit, geringe Belastbarkeit auf der anderen Seite sind ein bekann-
tes Bild. Solchen verschiedenartigen Schädigungen versuchen wir
heute durch ebenso unterschiedliche heilpädagogische Methoden zu
begegnen.

In Moringen wurden indessen alle Zöglinge, ohne jede Rücksicht auf
ihre Blockzugehörigkeit der gleichen überaus harten militärischen
Zucht unterworfen. Man heftete ihnen das Kennzeichen ihrer Blockzugehörigkeit auf die Jacke (nach dem Vorbild der roten, rosa,
grünen, schwarzen und gelben Winkel in den Konzentrationslagern!),
was aber damit gemeint war, wurde den wenigsten klar: "Was die
einzelnen Buchstaben zu bedeuten hatten, konnten wir nur ahnen.
Nur bei Block "S" war sonnenklar, daß es sich um den Strafblock
handelte, denn dort wurde alles im Laufschritt erledigt." (Bericht
Friedrich Axt).

Der Bericht an den Oberlandesgerichtspräsidenten in Hamm gibt
folgende %-Zahlen für die Aufteilung auf die Blöcke an:

U-Block (Untaugliche)	5 - 10 %
S-Block (Störer)	5 - 10 %
D-Block (Dauerversager)	10 - 15 %
G-Block (Gelegenheitsversager)	10 - 15 %
F-Block (fragl. Erziehungsfähige)	20 - 25 %
E-Block (Erziehungsfähige)	6 - 8 %

Dieser Bericht bestätigt auch, daß die Block-Einteilung nur vorder-
gründig mit Erziehung zu tun hatte, sondern anderen Zwecken diente:
"Die biologisch vorgenommene Wertung und Differenzierung der Jugendlichen zeigt, daß die Verworfenheit sehr vieler Zöglinge biologisch
bedingt ist. Die biologische Sichtung der Zöglinge soll neben ihrer
Auswertung für Forschungszwecke und neben der Unschädlichmachung er-
kannter Gemeinschaftsfremder durch Bewahrung dazu dienen, noch Er-
ziehungsfähige auszusondern und weitmöglichst zu fördern." Der hier
auftauchende Begriff des Gemeinschaftsfremden verweist auf das damals in Vorbereitung befindliche "Gemeinschaftsfremdengesetz", das
der Polizei die unglaublichsten Vollmachten geben sollte, vorzugehen
gegen Menschen, die beispielsweise "außerstande sind, den Mindest-
anforderungen der Volksgemeinschaft zu genügen ... oder aus Unver-
träglichkeit oder Streitlust den Frieden der Allgemeinheit hart-
näckig stören ... oder deren Sinnesart auf die Begehung ernster
Straftaten gerichtet ist..." (Aus § 1 des geplanten Gesetzes). Dieses
Monstrum eines Polizeigesetzes konnte nicht mehr in Kraft gesetzt
werden, aber die Moringer Zöglinge waren das Experimentiermaterial
dafür. (S. dazu Detlev Peukert, "Die Reihen fast geschlossen").

KASERNE UND KZ ALS VORBILD

In dem schon zitierten Bericht schreibt Kriminalrat Dieter, der
Lagerkommandant:

"Das Jugendschutzlager Moringen wird nach SS-mäßigen und militärischen Gesichtspunkten geführt. Diese Ausrichtung leuchtet ein,
wenn man sich klar macht, daß es sich bei den Lagerzöglingen um
männliche Minderjährige im Alter von 16-21 Jahren (Durchschnitts-
alter 19-20 Jahre) handelt, also zum größten Teil um junge Menschen, die ihrem Alter nach bereits ihrer Wehrpflicht genügen
könnten, die zudem aber ihrer Artung nach einer besonders straffen
Zucht und Disziplinierung bedürfen. Der Lagerkommandant und seine
engeren Mitarbeiter sind SS-Führer, die übrigen Einsatzkräfte SS-
Unterführer und SS-Männer ... Für alle Lagerzöglinge (auch für die
Bewahrfälle) ist die Gewöhnung an Sauberkeit, Ordnung, Pünktlich-
keit, Disziplin und Arbeit ein unbedingtes Erfordernis. Der gesamte
Lagerbetrieb muß sich deshalb bei Tag und Nacht wie ein Uhrwerk
mit minutiöser Genauigkeit abwickeln."

In den uns vorliegenden Berichten von ehemaligen Lagerzöglingen
sah diese militärische Ausrichtung so aus: Über die

Einlieferung

berichtet Friedrich Axt:
"Wir mußten uns in der Vorhalle aufstellen. Nach einer Stunde,
während der wir uns nicht rühren durften, erschien ein SS-Sturmbannführer. Sein Name war, wie ich später erfuhr, Dieter. Er
sagte uns etwa sinngemäß, aus uns würden jetzt Menschen im Sinne
des Nationalsozialismus gemacht. Wer da nicht "mitspielen" würde,
der würde schon sehen, was er davon habe. "Führt euch gut, so habt
ihr's gut!" Im Laufschritt ging es dann auf der anderen Seite eine
breite Treppe hinunter auf den Hof, begleitet von den SS-Männern,
die mit Flüchen und Fußtritten "nachhalfen" ... Auf dem Hof mußten
wir in Dreierreihen antreten und wurden nach einer Liste aufge-
rufen. Jeder von uns bekam eine Nummer zugeteilt. Ich erhielt die
Nummer 316. Von nun an wurden wir nur noch: "He, Du da!" gerufen
oder es wurde mit dem Finger auf uns gedeutet. Dann mußten wir in
strammer Haltung melden: "Lagerzögling Nr. XXX meldet sich zur
Stelle!" - zum Rapport, zum Strafsport oder zur Bestrafung.

Führer-Hauptquartier
26. Jan.1942

Lieber H e y d r i c h !

Anliegend übersende ich Ihnen einen
Bericht, den mir der Reichsjugendführer Axmann über
die XSwing-Jugend" in Hamburg zugesandt hat.

Ich weiß, daß die Geheime Staatspolizei
schon einmal eingegriffen hat. Meines Erachtens muß
jetzt aber das ganze Übel radikal ausgerotet werden.
Ich bin dagegen, daß wir hier nur halbe Maßnahmen
treffen.

Alle Rädelsführer, und zwar die Rädelsführer männlicher und weiblicher Art, unter den
Lehrern diejenigen, die feindlich eingestellt sind
und die Swing-Jugend unterstützen, sind in ein
Konzentrationslager einzuweisen. Dort muß die Jugend
zunächst einmal Prügel bekommen und dann in schärf-
ster Form exerziert und zur Arbeit angehalten werden.
Irgendein Arbeitslager oder Jugendlager halte ich
bei diesen Burschen und diesen nichtsnutzigen Mädchen für verfehlt. Die Mädchen sind zur Arbeit im
Weben und im Sommer zur Landarbeit anzuhalten.

Der Aufenthalt im Konzentrationslager
für diese Jugend muß ein längerer, 2 - 3 Jahre sein.

- 2 -

- 2 -

muß klar sein, daß sie nie wieder studieren
dürfen. Bei den Eltern ist nachzuforschen, wie weit
sie das unterstützt haben. Haben sie es unterstützt,
sind sie ebenfalls in ein KL. zu verbringen und das
Vermögen ist einzuziehen.

Nur, wenn wir brutal durchgreifen, werden
wir ein gefährliches Umsichgreifen dieser anglophylen
Tendenz in einer Zeit, in der Deutschland um seine
Existenz kämpft, vermeiden können.

Ich bitte um weitere Berichte. Diese Aktion bitte ich im Einvernehmen mit dem Gauleiter und
dem Höheren H- und Polizeiführer durchzuführen.

Heil Hitler !
Ihr

Anlage

Noch während wir zu Nummern wurden, kam ein SS-Mann mit einer
Schere. Ein Junge trug einen Stuhl herbei. Auf dem mußten wir der
Reihe nach Platz nehmen und der SS-Mann "schnitt" uns die Haare
auf halbe Streichholzlänge. Wenn er mit einem fertig war, trat er
gegen den Stuhl, daß dieser mitsamt dem Draufsitzenden umfiel und
brüllte: "Der Nächste!" Wer sich nicht gleich bei dem "Listenmann"
zurückmeldete, durfte gleich "zum Eingewöhnen" 10 Runden um den
etwa 50 x 200 m großen Hof laufen. Wer eine Ecke schnitt, mußte
eine Runde mehr laufen.

Dann wurden wir zum Duschen in die Duschbaracke geführt. Zuerst
unter kochendheißes, dann unter eiskaltes Wasser. Unsere Sachen
wurden ohne Bestandsaufnahme in Säcke gestopft und weggebracht.

Nach dem Duschen mußten wir nackt über den Hof rennen, zur Klei-
derkammer. Dort bekamen wir einen blau-weiß gestreiften Anzug und
eine ebensolche runde Mütze, ein Paar derbe Lederschuhe, Stoff-
unterwäsche, ein Nachthemd, Handtuch, Zahnbürste, Becher und ein
Stück RIF Seife (wer sich nicht mehr erinnern kann: REICHSINLAND-
SEIFE hart wie Stein und schmierend wie Lehm). Ferner ein Kochgeschirr und einen Löffel. Wir mußten die Sachen anziehen und wieder draußen antreten. "Die letzten 10 machen heute Abend eine
Stunde Strafsport!" Natürlich war ich unter den letzten zehn."

Wolfgang Kleinhaus erinnert sich an seine Einlieferung wie folgt:

"Ich kam rein, sagte stramm 'Heil Hitler!' - da bekam ich vom SS-
Mann erst einmal eine geschallert, aber wie! "Das steht Ihnen nicht
zu, den Namen unseres Führers in den Dreck zu ziehen. Alles, was
aus Ihrem Mund kommt, ist Dreck!" Dann hat er mir einen Schemel
in die Hand gedrückt und eine Schale Wasser draufgestellt und mit
Schemel und Schale mußte ich Kniebeugen machen. Nach dem 3. oder
4. mal flog die Schüssel runter und der SS-Mann wurde ganz naß.
Danach schmiß er mich die Treppe runter und ich mußte über den Hof
robben, immer hin und zurück, bis ich nicht mehr konnte."

Friedrich Axt berichtet weiter:

"Nach unserem ersten Mittagessen wurden wir in die Schlafsäle ge-
scheucht, "Betten bauen". Wir bekamen ein Bett zugeteilt und leere
Strohsäcke, mit denen wir im Laufschritt über den Hof zu einem
Nebengebäude zogen, in dem sich Stroh befand. Kameraden, die schon

vor uns hier waren, gaben uns den guten Rat, soviel Stroh wie möglich in die Säcke zu stopfen, während der Blockführer schon wieder zur Eile drängte. Wie wichtig dieses Vollstopfen war, zeigte
sich beim Bettenbauen. Der Strohsack mußte ein kantiges Rechteck
in Ziegelform bilden, ebenfalls das Kissen. Das war ungeheuer
schwer, da half nur draufrumtrampeln. In den Bezug wurde eine
Decke eingezogen - im Winter gab es eine zweite - und in ganz be-
stimmter Art über Strohsack und Kopfkissen zusammengelegt. Dann
wurde über die Sechserreihen eine Leine gespannt und die Betten
samt Kopfkissen und Wäsche danach ausgerichtet. Das Ausrichten
übernahm in der Folge der Innendienst.

Nach dem Bettenbauen gab es einen "Sachenappell". Wir mußten unsere Klamotten auf einem Schemel aufbauen; dann wurden sie vom
Blockführer "besichtigt". Er riß seiner Meinung nach schlecht.be-
festigte Winkel von den Jacken und schmiß alles durcheinander.
Sein besonderes Augenmerk widmete er den Schuhsohlen. Diese mußten
genau 18 Kopfnägel aufweisen. Wenn später einmal bei einem "Schuh-
appell" ein Nagel fehlte, gab es unweigerlich eine Stunde Strafsport. Schlauer geworden, besorgten wir uns in der Schusterei beim
"krummen Sago", wie ein mißgebildeter jugendlicher Häftling von
uns genannt wurde, einige Nägel, die wir im Hosensaum versteckten
und bei Bedarf mit einem Stein einschlugen. Nach dem Sachenappell
durften wir auf den Hof. Freistunde. Wir durften uns bewegen, aber
nicht rennen, nicht hinsetzen. Wer mit den Händen in den Taschen
angetroffen wurde, mußte selbst bei strengster Kälte für acht oder
vierzehn Tage seine Taschen zunähen."

Lager-Alltag

"Jeder Block war mit 60 bis 70 Jungen belegt. Der Blockführer (BF)
bestimmte zu seiner Unterstützung einen Blockältesten (BÄ), der
dessen Befehle entgegen nahm und sie "umsetzte". Er war für die
Sauberkeit der Aufenthalts- und Schlafräume verantwortlich, bestimmte den "Innendienst" (Stubendienst, Essenholer, Hofkolonne)
und leitete abwechselnd mit den anderen BÄ den täglichen Frühsport. Dafür hatte er einige kleine Vergünstigungen, bekam beim
Essenfassen das "Dicke von unten" und einen "Extraschlag", brauchte
in den meisten Fällen den Strafsport nicht mitzumachen. An ihm
ließ aber auch der BF zuerst seine Wut aus, wenn man etwas nicht

klappte. Trotzdem gab es unter den BÄ nur ganz wenig Denunzianten und Kriecher. ...

Im Aufenthaltsraum standen acht Tische mit schwerer Holzplatte, an jedem Tisch neun hölzerne Schemel, wie sie beim Militär und Arbeitsdienst in Gebrauch waren. An den Wänden waren Regalbretter angebracht, auf denen wir die gerade nicht benötigten Dinge wie Turnhose, Mütze, Kochgeschirr etc. peinlich genau ausgerichtet, ablegen mußten. In der Mitte des Raumes stand ein großer, runder eiserner Ofen, dessen Rohr durch den halben Raum bis zur Rückwand ging. Für den Ofen gab es im Winter (ab + 5 Grad) pro Tag abgezählte 20 Briketts.

Neben der Eingangstür stand ein Schrank, in dem Reinigungsgeräte, Blechteller und Nähzeug untergebracht waren. Der Aufenthaltsraum hatte einen abgeteilten Vorraum, in dem eine Waschrinne mit 10 Wasserhähnen befestigt war. An der anderen Wand waren Haken für Handtücher und Nachthemden.

Die offiziellen Disziplinierungsmittel

Dem Lagerkommandanten standen nach seinem eigenen Bericht folgende Möglichkeiten disziplinärer Bestrafungen zur Verfügung:

"1. Entzug von Vergünstigungen:
    z.B. Ausschluß von Filmvorführungen oder anderen Veranstaltungen, Postsperre usw.

2. Die große Gruppe der Ordnungsstrafen:
    Bettenbau in der Freizeit, Essen stehend einnehmen, Tischdienst, Hosentaschen zunähen (für Zöglinge, die Hände in den Taschen behalten) u.ä.

3. Hartes Lager bis zu 3 Wochen:
    Der Strohsack wird aus dem Bett entfernt, 2 bis 4 Decken werden bewilligt.

4. Das harte Strafstehen, und zwar:
    1 x 2 Stunden, 2 x 2 Stunden und 3 x 2 Stunden; zwischen je 2 Stunden Strafstehen finden 1/4 Stunde lang Freiübungen statt. Das Strafstehen kann mit Entzug des Mittag- oder Abendessens verbunden sein. Es findet in loser Haltung – nicht Stillgestanden – statt.

5.   Bis zu 15 Stockhiebe.
     Vollzug durch den zuständigen Blockführer im Blockraum.
6.   Arrest bis zu 3 Wochen.
     Vollzug: helle Einzelzelle, Holzpritsche, Wasser und Brot,
     jeder 3. Tag volle Beköstigung.

Daß sich bei der Artung der Zöglinge trotz der ununterbrochenen
Aufsicht täglich immer wieder Disziplinschwierigkeiten ereignen,
liegt in der Natur der Sache. In einer Statistik über die "Arten
der Disziplinwidrigkeiten" mußten bis jetzt nach den gemachten Er-
fahrungen nicht weniger als 51 Spalten aufgenommen werden, angefangen mit dem "Auffallen bei Sachenappellen" bis zum "Brief-
schmuggel"."

Dies ist eindeutig ein Katalog individueller Strafen, die auch individuell zugemessen wurden. Die Blockführer hatten alle Unbot-
mäßigkeiten, Ordnungswidrigkeiten und sonstige Verfehlungen der
Lagerzöglinge schriftlich zu melden. Der Lagerkommandant setzte
die Strafen fest.

Von der Durchführung einiger dieser Strafen gibt F. Axt folgendes
Bild:

"Während das harte Lager (3 bis 30 Tage) von uns leicht verkraftet
wurde - hartes Lager bedeutete schlafen auf den Bettbrettern mit
im Sommer einer, im Winter 2 Decken - weil die Kameraden Decken
zum Unterlegen abgaben, wurde der Essensentzug äußerst schmerz-
lich empfunden. Es gehörte schon etwas dazu, einem so bestraften
Kameraden etwas von seiner kargen Ration abzugeben, aber es geschah wirklich. Das ging sowieso nur abends, wenn es Pellkartof-
feln gab und wir gaben tischweise jeder eine halbe Kartoffel ab.

Die Blockführer waren äußerst bemüht, wenn von ihrem Block jemand hartes Lager hatte, dieses auch zu kontrollieren und es pas-
sierte oft, daß wir vor Müdigkeit die Kontrolle überhörten und
dann waren der Bestrafte und der Deckenspender geliefert. Es gab
dann für beide doppelte Ration hartes Lager. Aber wir ließen uns
nicht einschüchtern.

Sehr schlimm war das "Strafstehen". Der Delinquent mußte mit der
Nase zur Hausmauer - Strafstehen fand nur auf dem Hof statt -

strammstehen. Er durfte sich nicht bewegen, sonst gab es "Nachschlag".*)

Der "Bau", Arrest von drei Tagen bis zu drei, vier Wochen, kombi-
niert abwechselnd mit hartem Lager, Essensentzug und als "Krönung"
die Prügelstrafe, 15 bis 25 Doppelschläge, die immer am Sonntag
verabreicht wurde. Es verging kein Sonntag, an dem nicht mindestens
drei Häftlinge auf ihr "Anrecht" warteten. Dazu mußte sich der
Block - bei Ausreißern das gesamte Lager - im Halbkreis aufstellen. Die Namen der Delinquenten wurden verlesen und das Strafmaß
verkündet.

Der Betreffende mußte sich öffentlich zu seinen "Schandtaten"
bekennen. Dann mußte er sich über einen Schemel legen und mit den
Händen die Schemelbeine festhalten. Zwischen die Zähne bekam er
ein Stück Holz, auf das er beißen mußte. Der Blockälteste stellte
sich vor ihn und nahm seinen Kopf zwischen die Beine. Dann waltete
der Blockführer seines Amtes. Der Bestrafte mußte jeden Schlag
mitzählen. Zählte er zu leise, oder verzählte er sich, so mußte er
von vorne anfangen zu zählen.

Am meisten gefürchtet war der Blockführer K. aus Berlin, weil er
ein sadistischer Quäler war. Beliebt dagegen war "Pappa Römer",
der nur so tat, als ob er fest zuschlüge und zu dem Delinquenten
sagte: "Nu schrei aber schön laut!"

Diese Schilderungen werden von dem ehemaligen Häftling Erwin Rehn
bestätigt. Auch er berichtet z.B., daß das Strafstehen "in strammer Haltung" zu erfolgen hatte, nicht "locker", wie es der Strafenkatalog anweist.

Die inoffiziellen Strafen, vom Appell bis zum Strafsport

Wichtiger als solche Einzelheiten ist die Tatsache, die von den
Häftlingsberichten bezeugt wird, daß nämlich die Blockführer be-
rechtigt waren, weitere individuelle oder sehr oft kollektive Diszi-
plinierungsmittel anzuwenden, wie sie den schlechtesten Traditionen
des "Barras" entstammten und die in ihrer Willkürlichkeit und
Quälsucht die offiziellen Strafen an Härte übertrafen. So lesen
wir im Bericht von F. Axt:

*) Das Strafstehen erwies sich als so schwere Strafe für die
meisten Jugendlichen, daß es zeitweise zugunsten der Prügelstrafe abgeschafft war.

"Bestraft wurde praktisch alles, was den Blockführern oder den Wachmannschaften nicht in den Kram paßte. ("Deine Nase gefällt mir nicht, du Judensau, du Zigeunersau ... los, 10 mal ums Karree, marsch, marsch!") Dabei waren die "niedrigsten" Strafen für uns die schwersten und erniedrigendsten.

Das waren vor allem die vielen Appelle: Stubenappell, bei dem Tische und Schemel mit Sand oder vorsichtig mit einer heimlich organisierten Glasscherbe (strafbar!) gereinigt wurden. Fußböden mit Schrubbern ohne Stiel oder Wurzelbürsten so lange bearbeitet wurden, bis sie fast weiß waren. Es kam garnicht so selten wor, daß wir sie mit Zahnbürste und Taschentuch scheuern mußten.

Dann waren die "Sachenappelle": ein loser Knopf (ist das ein Reiß-knopf oder ein Ziehknopf?) wurde in jedem Fall abgerissen und ergab eine Stunde Strafsport.

Schuhappelle; da wurden mit dem Taschenmesser winzige Sandkörn-chen unter den Schuhnägeln hervorgekratzt (Was ist das, Du Mist-sau? Sand, Herr Oberscharführer. - Eine Stunde!) Wehe dem Dumm-kopf, der versucht hatte, den Dreck mit Schuhcreme zu überschmie-ren - das gab verschärften Strafsport.

Die Bettenappelle; bei denen die Betten bis zu 20 mal eingerissen wurden, bis sie vor den Augen der Herr Blockführer Gnade fanden oder diese des Spielchens müde wurden.

Die unzähligen "Zählappelle": nach dem Aufstehen, beim Frühsport, beim Antreten zur Arbeit, nach der Mittagpause, beim Einrücken, vor den Appellen, vor dem Schlafengehen und...und...und.. Dazwischen kamen noch die "Maskenbälle".
"In einer Minute steht alles in Turnhose auf dem Hof" - "Zurück, marsch, marsch!" - "In zwei Minuten steht alles mit umgedrehten Klamotten auf dem Hof"
Die letzten Zehn, wie üblich, Strafsport.

Die Mindeststrafe war 10 bis 30 Runden um den Hof (200 x 50 m). Dann kam der Strafsport, nicht unter einer halben Stunde. Am un-teren Ende des Hofs war ein mit Schlacke bestreutes Feld, etwa 20 x 40 m, der sogenannte Gottes- oder auch Blutacker genannt. Es gab Spezialisten unter den Blockführern, denen es ein ungeheures Vergnügen machte, uns auf diesem Stückchen Feld zu schleifen, wie sie es nannten. Der Platz war bei jedem Wetter, zu jeder Tages-

und Nachtzeit "besetzt", von einer Einzelperson, einem Grüppchen
oder dem ganzen Block. Nach den ersten 10 bis zwanzig scharfen
Runden kamen 50 Liegestütz, dann 50 Kniebeugen, anschließend
wieder 10 Runden - zum Teil in hockender Stellung. Dann gings im
Schritt, wir alle total außer Atem, dann kam es, das gefürchtete:
"Ein Lied!" Alles riß sich zusammen, aber es nutzte nichts; man
kann mit ausgepumpten Lungen nicht richtig singen. Da fing das
Karussel eben wieder von vorne an.

Den verschärften Strafsport gab es nur für Einzelpersonen; die
durften dann zu dem normalen Strafsport noch einen 25 Kg Sand-
sack im Tornister mitschleppen. Verschärfter Strafsport endete
immer mit dem totalen Zusammenbruch."

Diese wildwuchernde Strafpraxis nach KZ-Vorbild sprach jedem Er-
ziehungskonzept Hohn, falls es dieses ernstlich gegeben hat und
nicht vielmehr von Anfang an durchkreuzt wurde von Himmlers Kon-
zept der Ausmerzung "gemeinschaftsfremder" oder "biologisch Ver-
worfener", wie der Essener Berichterstatter sich ausdrückt.

ARBEIT ALS ERZIEHUNGS- UND AUSBEUTUNGSMITTEL

Über die erzieherische wie wirtschaftliche Bedeutung der Arbeit
äußert sich der Lagerkommandant Dieter in dem mehrfach zitierten
Artikel wie folgt:

"Als wesentlicher Erziehungsfaktor steht natürlich die A r b e i t
im Mittelpunkt des Tagesablaufs. Das mindeste, was ein Lagerzögling im Jugendschutzlager lernen muß, ist die Gewöhnung an eine
ununterbrochene Arbeit. Zieht sich doch wie ein roter Faden durch
das Vorleben aller Zöglinge die Arbeitsunlust, die Bummelei, das
Vagabundieren, das Verlassen der Lehr- und Arbeitsstellen.
Den Kriegsverhältnissen entsprechend sind sämtliche Lagerzöglinge
ausschließlich in wichtigsten Rüstungsbetrieben eingesetzt. In
einer Sattlerei sind 200 Lagerzöglinge eingesetzt, in erster
Linie die schwächlicheren. Für die kräftigeren Lagerzöglinge besteht außerhalb des Lagers eine Maschinenschlosserei, in der zur
Zeit 270 Lagerzöglinge arbeiten. Dieser Arbeitseinsatz erscheint
besonders jugendgemäß, können sich doch die Lagerzöglinge hier
im besten Sinne des Wortes ausarbeiten. Schließlich arbeiten rund
200 Lagerzöglinge in einem abgelegenen Wehrmachtsbetrieb. In dem
anstaltseigenen Landwirtschaftsbetrieb (120 Morgen mit Viehwirt-
schaft) sind etwa 15 Zöglinge des E-Blocks eingesetzt, die zum
Teil frei und ohne Aufsicht arbeiten und vor ihrer Entlassung be-
weisen sollen, daß sie dieser größeren Belastungsprobe gewachsen
sind.

Die Arbeitsleistungen der Lagerzöglinge können, von einzelnen Aus-
nahmen abgesehen, als in jeder Beziehung befriedigend bezeichnet
werden. Dementsprechend sind auch die finanziellen Ergebnisse.
Das jährliche Lohneinkommen aus der Arbeit der Lagerzöglinge hat
den Betrag von 1 000 000 RM bereits weit überschritten. Die Ge-
samtausgaben des Jugendschutzlagers, einschließlich der Ausgaben
für Mieten, Gehälter und Löhne für rund 150 Einsatzkräfte, für
Uniformen, Bekleidung und Beköstigung der Lagerzöglinge usw.,
bleiben mit mehreren hunderttausend Reichsmark hinter den Einnah-
men zurück, so daß die Bewahrung und Erziehung der Lagerzöglinge
den Staat und damit den Steuerzahler nicht nur nicht belastet,
sondern sogar entlastet. Diese bestimmt erfreuliche Tatsache soll
jedoch nur nebenbei erwähnt sein; niemals darf sie bei der Betrachtung der Erfolge oder Mißerfolge des Jugendschutzlagers im
Vordergrund stehen: sie soll nur als eine erfreuliche Begleiter-
scheinung gewertet werden."

	T A G E S A B L A U F
5,15	Wecken
6,30	Beginn der Arbeitszeit
11,45	Mittagspause
13,00	Wiederbeginn der Arbeit
18,15	Arbeitsschluß
19,00	Abendessen
20,00	Zählappell
21,00	Einschluß in die Schlafräume

In den uns vorliegenden Berichten werden als Arbeitsplätze genannt: eine betriebseigene Schlosserei, 120 Morgen betriebseigene
Landwirtschaft, die Firma Piller, eine Heereswerkstätte, die
Heeresmunitionsanstalt (Muna) im Kalischacht Volpriehausen und
wechselnde Einsätze beim Autobahnbau, beim Ausheben von Kabeln
für die Post, beim Schotterkarren auf dem Güterbahnhof und dergl.
mehr.

Erwin Rehn berichtet über die Arbeit:

"An Arbeitskommandos gab es den Innendienst, umfassend Schnei-
derei, Schuhmacherei, Tischler und andere Handwerker, das Kommando,
welches in der Landwirtschaft des noch in Resten im Lager befindlichen Arbeitshauses der Justiz tätig war und größtenteils aus
Angehörigen des U-Blockes bestand, sowie Häftlinge, die als Blockälteste etc., Lazarett-Kalfaktoren, SS-Burschen, Blockreiniger und
Lagerältester Dienst taten. Dann gab es die Steinbrucharbeiter,
die Strafdienstler, die schwere Arbeit innerhalb des Lagers im

41

Laufschritt unter erschwerten Bedingungen zu verrichten hatten,
meistens handelte es sich hierbei um Angehörige des S-Blockes,
aber auch Angehörige anderer Blocks konnten bei bestimmten Ver-
stößen gegen die Lagerordnung (besonders Flucht) zu begrenztem
Dienst in den Strafdienst abkommandiert werden.

Als zuletzt eingerichtetes Kommando gab es die Heeres-Muna Volpriehausen. Dies war auch ein sog. Strafkommando, denn dort wurde
von den Jugendlichen nur körperliche Schwer- und Schwerstarbeit
verrichtet, die an sich nach dem Jugendschutzgesetz auch während
des Krieges verboten war. In der Zeit von 1943 - 45, als ich dem
Kommando angehörte, pflegten wir immer zur Einfahrt in den Schacht
unter dem entsprechenden Verbotsschild anzutreten. Die verschiedenen Arbeitskommandos hatten zur Kennzeichnung verschiedenfar-
bige Stoffabzeichen, die in Form eines Balkens über dem Block-
abzeichen getragen wurden. Die Arbeitszeit betrug 10 bis 16
Stunden täglich. Beim Ausrücken zur Arbeit außerhalb des Lagers
wurden die Kommandos von SS-Mannschaften mit geladenen und entsi-
cherten Schußwaffen und aufgepflanztem Bajonett begleitet. Bei
Piller und in der Muna Volpriehausen wurde eine sogenannte Schwer-
arbeiterzulage in Form von einer Doppelscheibe Brot mit Margarine
und Blutwurst gereicht, die von jüdischen oder Bibelforscherhäft-
lingen regelmäßig abgelehnt wurde. Die Bezahlung betrug allge-
mein 10 Rpf täglich, ferner wurden für besondere Leistungen sog.
Prämien von 1,- bis 3,- RM gezahlt. Ebenso wurden aber auch bei
schlechten Leistungen mit der Begründung: Sabotage, ganze Wochen-
löhne abgezogen. Hinzu kamen noch die internen Lagerstrafen. Die
Gelder wurden nie ausbezahlt, ich weiß nicht, wie es bei Entlassungen war."

Über die V e r p f l e g u n g schreibt Friedrich Axt:

"In den vier Jahren, die ich im Lager verbrachte, bestand das Mittagessen - bis auf eine Ausnahme - immer aus Eintopf. Graupen,
Grieß und Nudeln wechselten mit Kohlrüben, Weißkohl, Erbsen, Lin-
sen und "Stacheldrahtverhau" (Dörrgemüse). Das letztere gab es in
den Jahren 44 + 45 fast jeden zweiten Tag. Für die Außenkommandos war es reichlich bemessen. Sie bekamen ein eineinhalb Liter-
Kochgeschirr voll und einen Deckel voll "Nachschlag".
Das Abendessen war immer gleich: drei bis vier wässrige Pellkar-
toffeln, 200 Gramm Brot und 10 Gramm Margarine."

Die Berichte zeigen, daß F r e i z e i t in diesem Lager ein
nahezu unbekannter Begriff war. Alltags gab es nach dem Abendessen
eine Putz- und Flickstunde, den Zählappell, wohl auch Schulungsunterricht und (vorgesehen!) eine halbe Stunde Freizeit. An den
Sonntagen wurden nicht nur die Strafen vollzogen, sondern auch das
Lager gereinigt und ein Appell auf Sauberkeit und Vollzähligkeit
der Ausrüstungsgegenstände abgehalten. "Während der Nachmittags-
stunden hatten die Zöglinge Freizeit zum Lesen und Schreiben,
Schulungsunterricht sowie eine Feierstunde oder eine Kinovor-
führung." (Petersen, Die Jugendbewahrung S. 36)

DAS LAGERPERSONAL

Über das Lagerpersonal lesen wir in dem Bericht des Essener Land-
gerichtspräsidenten:

"Das Lager untersteht einem Lagerkommandanten (z.Zt. SS-Sturmbannführer Kriminalrat Dieter), dem ein Vertreter (z.Zt. Kriminal-
obersekretär) zur Seite steht. Die Lagerverwaltung ist planmäßig
aufgegliedert. Das Lagerpersonal umfaßt zur Zeit bei etwa 800
Zöglingen 150 Personen, darunter etwa 80 - 90 Wachmannschaften,
die von der Waffen-SS zum Jugendschutzlager kommandiert sind. Die
unmittelbare Betreuung der Zöglinge obliegt 12 Erziehern, denen
ein "leitender Erzieher" übergeordnet ist, der gleichzeitig Sach-
bearbeiter des Kommandanten ist. Die Erzieher, deren Herkunft und
Ausbildung nicht einheitlich ist (sie setzen sich aus Volks-
pflegern, Lehrern und aus Angehörigen anderer Berufe zusammen)
tragen die Uniform des Sicherheitsdienstes des Reichsführers SS.
Die Wachmannschaften haben lediglich die Aufgabe, die Zöglinge zu
bewachen und zu den Arbeitsstätten zu geleiten. Erzieherische Be-
fugnisse stehen ihnen nicht zu. Sie haben etwaige Verstöße gegen
die Lagerordnung lediglich festzustellen und zu melden."

Der Lagerkommandant Dieter war Kriminalrat. Die in seinem zitierten Bericht wiedergegebenen Schilderungen einzelner Jugendlicher,
die einen Autor ausweisen, der mit Problemen schwer erziehbarer
Jugendlicher vertraut ist, stammen vermutlich nicht von ihm, sondern von dem leitenden Erzieher, der seit dem Sommer 43 dem Lager
zugeordnet war. Ersichtlich aber war es Dieter, der den militärischen Drill zum obersten Gesetz des Lagers machte. Daß die

43

"Arbeitskraft der Zöglinge auszunutzen sei", war ihm von höherer
Seite anbefohlen, desgleichen die Sichtung und Aussonderung nach
kriminalbiologischen Gesichtspunkten. Beide Auflagen waren dazu
angetan, etwaige pädagogische Bemühungen von vornherein zunichte
zu machen. Bei zehn- und mehrstündiger Arbeitszeit bleibt für ein
persönliches Eingehen auf die Zöglinge (etwa in Gesprächen) keine
Zeit. Die kriminalbiologische Aussonderung der "Störer" und ihre
Versetzung in einen permanenten Strafzustand hat mit Pädagogik
nichts zu tun. (Alle Häftlingsberichte verstehen den S-Block
als "Strafblock"!)

Im Jahre 1943 besuchte der Vorstand des Heilbronner Jugendge-
fängnisses Moringen. In dem Bericht, der anschließend verfaßt
wurde, heißt es, "der Lagerleiter sei gegen jede brutale Behandlung der Zöglinge eingestellt und halte Gerechtigkeit für das
Fundament auch des Verwahrungsvollzuges; jede Willkür müsse ausge-
schlossen sein." Wenn dies nicht nur beruhigendes Geschwätz war,
bleibt unbegreiflich, wie der Lagerkommandant die vollkommen
willkürliche Strafpraxis der Blockführer (zum mindesten einiger
von ihnen) dulden konnte, etwa die übermäßige Verhängung des sog.
"Strafsports", die teils dem Kasernenhof, teils dem KZ nachei-
ferte. Hier trifft ihn die volle Verantwortung.

Das Wohl und Wehe der Zöglinge hing entscheidend ab von den Erziehern, die mit den Blockführern identisch sind. Soweit sie sich
menschlich betrugen, wird ihnen in den Erinnerungen der Zöglinge
bereitwillig Dank gezollt. Das gilt beispielsweise für den Blockführer E., der aus der Nähe von Moringen stammte, und seine
Gruppe wohl auch einmal mit nach Hause nahm, damit sie sich dort
satt essen sollte. Aber überwiegend ist der Eindruck, daß nur
zu viele Erzieher in der totalen physischen Erschöpfung (Strafsport) und der seelischen Erniedrigung (Appelle) Sinn und Er-
folg ihrer Erziehung gesehen haben.

Mit dem Sommer 1943 trat insofern eine Änderung ein, als den Erziehern ein leitender oder Erster Erzieher übergeordnet wurde.
Der Anlaß dazu war, daß im Frühjahr dieses Jahres ein wiederein-
gefangener Ausreißer von Mithäftlingen zu Tode geprügelt worden
war, wobei der zuständige Blockführer sie ausdrücklich aufforderte,
nicht zimperlich zu sein. Dieser Fall löste eine gewisse Schock-

wirkung aus, und das Reichskriminalpolizeiamt in Berlin entsandte daraufhin einen Berliner Jugendpfleger, der weder der NSDAP noch der SS angehörte, als dienstverpflichtet nach Moringen. Aus den Zöglingsberichten geht hervor, daß dieser Mann, Jakob Ihrig, dafür bekannt war, daß er die SS-Uniform nur widerwillig trug und daß er die Zöglinge menschlich behandelte. Dr. Heinrich Muth schreibt über die Schwierigkeit seiner Position und über seine Versuche, pädagogisch zu wirken, das folgende: "Vom Dienstantritt dieses Mannes im Sommer 1943 an läßt sich ein allmähliches Auf- weichen des rein polizeilichen Charakters, den das Lager bisher ge- habt hatte, zugunsten einer mehr sozialpsychologischen Zielsetzung erkennen. Das zeigt sich vor allem an den Versuchen, verschiedene Vergünstigungen einzuführen, den Bewährungscharakter deutlicher herauszustellen, die Nachtschichten, zu denen auch 16jährige ein- geteilt wurden, etwas erträglicher zu machen, die Behandlung der Jugendlichen am Arbeitsplatz etwas kritischer zu durchleuchten und vor allem auch die halbjährlichen Führungsberichte, die über jeden Häftling zu erstatten waren, sozialpädagogisch und sozial- psychologisch auszurichten. Dieser Mann hat offensichtlich eine verhältnismäßig gute Rückendeckung an den Berliner Dienststellen gehabt, mußte aber sehr hart gegen den Widerstand des Kommandan- ten, des Arbeitseinsatzführers und einiger anderer SS-Führer in Moringen ankämpfen. Herausgekommen ist dabei ein ständiges Auf und Ab von Erfolgen und Mißerfolgen, ein gegenseitiges Unterlaufen und Kompromisse im Sinne des kleineren Übels, insgesamt aber doch ein Anfang zu einer Änderung des rein polizeilichen auf Unter- drückung der Persönlichkeit abgestellten Charakters des Lagers." (Aus einem Brief des Verf.)

Ob es Ihrig auf die Dauer gelungen wäre, den Erziehungsgedanken gegenüber der bloßen "Verwahrung gemeinschaftsfremder Elemente" durchzusetzen, muß man angesichts der herrschenden SS-Weltan- schauung bezweifeln.

Die Opfer

Zu der Zeit, als die Essener Richter das Jugendschutzlager besuchten, im Juli 1944, befanden sich dort 1231 Zöglinge.

    968   waren ehelicher Abkunft,
    240   Halbwaisen,
     66   Vollwaisen,
     93   kamen aus geschiedenen Ehen,
     26   von getrennt lebenden Eltern.

Nach ihrer Schulbildung kamen

    165   aus der Hilfsschule,
   1018   aus der Volksschule,
     36   von der Höheren Schule,
     12   hatten keinerlei Schulbildung.

Nach ihrer beruflichen Vorbildung stammten

    225   aus Lehrberufen,
    129   aus Anlernberufen,
    877   waren ungelernte Arbeiter.

50 % der Zöglinge waren bereits in Fürsorge-Erziehung gewesen, 50 % waren vor der Einweisung vorbestraft (360 einmal, 48 zweimal, 267 mehr als zweimal). Unter den Delikten werden genannt:

    Eigentumsverfehlungen in 830 Fällen,
    Homosexuelle Handlungen in 90 Fällen,
    Gewalttätigkeiten in 48 Fällen,
    Staatsfeindliche Betätigung in 92 Fällen,
    Asoziales Verhalten in 67 Fällen.

Wenn man diese Daten überblickt, dann erscheint die Auffassung von Kriminalrat Dieter, es handele sich hier um eine "denkbar negative Auslese der männlichen Jugend des Großdeutschen Reiches" stark übertrieben. Eigentumsdelikte sind im jugendlichen Alter zum größten Teil Begleiterscheinungen des Abenteurertums, des Herumstreunens, Weglaufens aus einem zu strengen Elternhaus usw. Die Gewalttätigkeiten stellen nur einen sehr geringen Prozentsatz dar (4,3 %). Homosexuelle Handlungen wären nach heutigem Recht überhaupt nicht strafbar und asoziales Verhalten (Bettelei? Landstreicherei?) ebensowenig.

In 90 Fällen wird staatsfeindliche Betätigung angegeben. Hierzu ist folgendes nachzutragen: Ende 1943, Anfang 1944 wurde ein sog.

Stapo-Block eingerichtet, der für politische Häftlinge bestimmt
war. Erwin Rehn, der selbst zu dieser Gruppe gehörte, berichtete:

"Auf dem ST-Block befanden sich ca. 128-180 Mann. Sie bestanden
aus politischen Einzeltätern, der Gruppe der sog. "Swing-Boys"
aus Hamburg, die in größerer Zahl anwesend waren, einem Juden aus
Berlin und wahrscheinlich einem Judenstämmling aus Holland, einem
Holländer, Norweger und Russen, einigen Polen und Tschechen, einigen Österreichern, zwei Luxemburgern. Ab Frühjahr 1944 trafen
dann laufend Slowenen ein, deren Eltern man wegen Partisanenbe-
günstigung oder weil sie selbst Partisanen waren, teils hingerich-
tet oder in Haft genommen hatte. Sie machten bald ein Drittel des
Blocks aus. Ferner kamen laufend Angehörige der "SA-Standarte
Feldherrnhalle", die zwar Häftlinge der Gestapo waren, aber wegen
hauptsächlich krimineller Delikte eingeliefert wurden, so Überschreitung des Urlaubs, Entfernung von der Truppe, wegen Trunken-
heit und die meisten wegen Kameradendiebstahls. Teilweise stahlen
sie sogar im Lager weiter. Sie wurden auch wegen ihres Betragens
von der Gemeinschaft der rein politischen Häftlinge abgelehnt. Das
Leben auf dem ST-Block unterschied sich erheblich von dem im übrigen Lager. Es kam dem auf dem S-Block nahe. Bewegung war nur im
Laufschritt möglich. Es verging kein arbeitsfreier Tag, an dem
sich die Häftlinge nicht "sportlich" betätigten, ohne Rücksicht
auf die Witterung. Abends, nach Einschluß, blieb der Blockführer
E. noch auf dem Block und dann ging es hier weiter bis teilweise
2 Uhr in der Nacht. Bestrafungen wurden schon für geringfügige
Sachen, für die es sonst nur ein paar Faustschläge gab, ausge-
sprochen. Appelle wurden durchgeführt, darunter der menschlich so
entwürdigende "Gesundheitsappell", bei dem der Blockführer die
Geschlechtsteile der Häftlinge inspizierte. Es gab keinen Sonntag
und keinen Feiertag."

Bei den erwähnten "Swing-Boys" handelte es sich um Hamburger Jugendliche, vor allem aus der bürgerlichen Mittelschicht, die ihren
Unmut über die Hitler-Jugend vor allem durch Pflege der Jazz-Musik
äußerten. "Ihre bewußte Ablehnung der Hitler-Jugend und der Volks-
gemeinschaftsideologie manifestierte sich in einem "lässigen" und
auffälligen Auftreten in der Öffentlichkeit - z.B. Hut und über
dem Arm einen Regenschirm - und durch Vorliebe für Jazz und Swing,
die von den Nationalsozialisten als "undeutsche Negermusik" ver-

Bekämpfung jugendlicher Cliquen.

RV. d. RJM. v. 26. 10. 1944 (4210 — IV a ³ 317/44)

Der Reichsführer ʜ und Chef der Deutschen Polizei hat im Einvernehmen mit dem Jugendführer des Deutschen Reichs und mir in dem beiliegenden Runderlaß vom 25. 10. 1944 — V A 3 Nr. 2530/44 — Richtlinien zur Bekämpfung jugendlicher Cliquen aufgestellt.

Dazu bestimme ich ergänzend folgendes:

1. Die ständig zunehmende Zahl von Cliquenbildungen begründet die ernste Gefahr einer politischen und moralischen Zersetzung der Jugend. Die n a c h d r ü c k l i c h e B e k ä m - p f u n g der Cliquen gehört daher zu den wichtigsten Aufgaben der Jugendstrafrechtspflege.

2. Da bei den A n f ü h r e r n und den a k t i v e n T e i l - n e h m e r n der Cliquen die Betätigung in der Clique meist ein Verwahrlosungssymptom ist, muß den Ursachen, die zu dieser Betätigung des Jugendlichen geführt haben, sorgfältig nachgegangen werden. Bei der Auswahl der Maßnahmen darf jedoch der Gesichtspunkt der Abschreckung nicht außer Betracht gelassen werden. Unangebrachte Milde ist wegen der Gefährlichkeit der Cliquenbildungen fehl am Platze. Bei den Anführern und besonders aktiven Mitläufern werden meist längere Jugendgefängnisstrafen erforderlich sein. Soweit aber noch keine allgemeine Verwahrlosung vorliegt, ist häufig auch die Einweisung in ein Erziehungslager, die bisher auf die Bekämpfung von Disziplinlosigkeiten Jugendlicher am Arbeitsplatz beschränkt war (vgl. AV. v. 16. 12. 1943 — Dt. Just. S. 572 —), ein geeignetes Mittel, um auf den Lebenskreis des Jugendlichen abschreckend zu wirken und den Jugendlichen selbst zu Disziplin und Einordnung in die Volksgemeinschaft zu erziehen. Ist nach der Persönlichkeit des Jugendlichen mit den Mitteln des Jugendstrafrechts und der öffentlichen Jugendhilfe kein Erziehungserfolg mehr zu erwarten, so ist die Unterbringung in einem polizeilichen Jugendschutzlager anzuregen (vgl. AV. v. 27. 4. 1944 — Dt. Just. S. 151/187 —).

Bei weniger beteiligten M i t l ä u f e r n wird häufig mit der Zerschlagung der Clique die Ursache der Gefährdung weg-

dammt wurden. Sie trafen sich zu Tanzereien, hörten Jazzsendungen,
vor allem des englischen Rundfunks, und betrieben einen schwung-
haften Tauschhandel mit Jazzplatten." (H.Muth, Jugendopposition
im Dritten Reich, Vierteljahreshefte für Zeitgeschichte 1982/3,
S. 374).

Wie hysterisch die SS-Führung auf derart harmlose Abweichungen
von den vorgeschriebenen Verhaltensnormen der Hitler-Jugend rea-
gierte, zeigt ein Brief Himmlers an Heydrich vom 26. Januar 1942,
in dem gefordert wird, "das Übel müsse radikal ausgerottet werden."
Die Angst des Nazi-Terror Regimes vor auch nur den kleinsten Regungen von Selbständigkeit war so groß, daß im Oktober 1944 ein
Runderlaß des Reichsführers SS Richtlinien zur "Bekämpfung jugendlicher Cliquen" aufstellte.

Seitentrakt des ehemaligen Werkhauses Moringen
mit den Unterkunftsräumen der Häftlinge

Nimmt man alles zusammen, so drängt sich einem der Eindruck auf,
daß die Zöglinge von Moringen in erster Linie Opfer einer pädago-
gischen Bankrotterklärung der damaligen Jugendämter, Vormundschaftsgerichte und Jugendgerichte waren, die der NS-Weltanschau-
ung entsprechend Härte für ein Ideal und Strenge für das einzige
Erziehungsmittel hielten und in unbequemen Fällen nur zu bereitwillig Jugendliche nach Moringen abschoben. Das wird bestätigt
durch den Mann, dem man die genaueste Kenntnis des Lagers nicht ab-
sprechen kann. Jakob Ihrig hat in der Zeitschrift "Unsere Jugend"
im April 1949 seine Erkenntnisse wie folgt dargelegt:

UNSERE JUGEND

ZEITSCHRIFT FÜR JUGENDHILFE IN WISSENSCHAFT UND PRAXIS

I. JAHRGANG	APRIL 1949	NUMMER 4

JAKOB IHRIG
Um die rechte Fortentwicklung der Jugendhilfe

"Das widerspiegelt sich in den bunten Abwandlungen d e s
W o r t e s " s t r e n g " in den Akten der Jugendämter, in den
Beschlüssen der Vormundschaftsgerichte, in den Urteilsbegründungen
der Jugendgerichte und sogar in psychiatrischen Gutachten, ganz
abgesehen von den Empfehlungen ehrverletzter Personen einschließlich der Lehrer, mancher Eltern, Jugendhelfer und der Polizei.
"Die strenge Hand - der strenge Meister - die strenge Zucht - äu-
ßerste Strenge - strengste Behandlung...!" Das wird mit Nachdruck
als Forderung erhoben bei den Behörden und Anstalten, die sich mit
dem Betroffenen befassen sollen. Es wird darunter meist harte Arbeit, wenig Freizeit, Anbrüllen, Züchtigungen, Unterdrücken per-
sönlicher Regungen und ähnliches verstanden, selten aber wohl-

50

tuende, mit Konsequenz verbundene Güte und verständige mensch-
liche Führung. Der hieraus erwachsende Trotz, die sich immer mehr
verfestigende Gemeinschaftsfeindlichkeit, die nach und nach deutlicher auftretenden neurotischen Wesensänderungen müssen dann end-
gültig als Beweis für die "schlechte Veranlagung" herhalten und
führen dazu, noch härtere Maßnahmen und einschneidendere Erzie-
hungs- oder Bewahrungseinrichtungen zu verlangen.

Es sind dies keine Übertreibungen. Der Verfasser hatte Gelegenheit, einige hundert Akten von Minderjährigen zu überprüfen, die
seinerzeit in das ehemalige polizeiliche Jugendschutzlager Moringen eingewiesen worden waren. Es fand sich kaum ein Minderjäh-
riger darunter, dessen Lebenskonflikt v o r h e r mit a l l e n
bis dahin entwickelten psychologischen Einsichten objektiv aufge-
hellt und zunächst - wenn auch nur versuchsweise und um ihm eine
Chance zu bieten - hinreichend beurteilungsreif heilpädagogisch
behandelt worden wären. Stattdessen aber waren in den Akten die
unzulänglich begründeten Anträge oder bedenkenlosen Zustimmungen
der Jugendämter zur Unterbringung von Minderjährigen im Jugendschutzlager vorzufinden, in denen kurzerhand mit wenigen lakoni-
schen Zeilen oder unter - man ist versucht zu sagen - böswilliger
Auslassung guter Wesenszüge, aber mit der lückenlosen Aufzählung
aller Verfehlungen und störenden Verhaltens, pubertierende Menschen leichthin als abartig, unerziehbar und bewahrungsbedürftig
erklärt wurden."

Ihrig hatte nicht nur Gelegenheit gehabt, die Akten einzusehen,
sondern er kannte die Zöglinge, wenn auch nicht alle, so doch
einen großen Teil persönlich. Sein Urteil darf als kompetent an-
gesehen werden.

Fluchtversuche

"Trotz der schweren Strafen, die auf Flucht und Fluchtversuch standen, trotz der Wahrscheinlichkeit, dabei erschossen zu werden,
versuchten die Jungen immer wieder zu fliehen" schreibt Friedrich
Axt in seinem Bericht. "Gelegenheiten zur Flucht gab es genügend,
nicht nur im Lager selbst, sondern vor allem auf Außenkommandos.

Einmal kam bei jedem der Punkt, an dem er nicht mehr weiter konnte. Entweder er beging Selbstmord (oder versuchte es wenigstens)

oder er versuchte zu flüchten, diesem ungeheuren Druck zu entfliehen. Mir sind drei Fälle von vollendeten und ein Dutzend von versuchten Selbstmorden bekannt. Die armen Teufel, die "gerettet" wurden, kamen nach Verbüßung ihrer Strafe wegen "Selbstverstümmelung" in eines der großen KL.

Von allen Fluchtversuchen gelangen nur fünf, d.h. ich habe nie mehr etwas von ihnen gehört. Wären sie gefaßt worden, so wäre dies im Lager groß propagiert worden.

Floh ein Junge aus dem Lager, mußte die gesamte Belegschaft so lange im Hof in strammer Haltung stehen bleiben, bis der Flüchtling gefaßt war. Das dauerte in der Regel nur ein paar Stunden, denn nicht nur Partei- und Wehrmachtsangehörige beteiligten sich an der Jagd, sondern auch die Zivilbevölkerung, die für jeden gefaßten oder verratenen Flüchtling ein Kopfgeld erhielt (50-100 Reichsmark). Kam ein aus dem Lager geflüchteter zurück, wurde er von den Wachmannschaften mit den Hunden durch das hintere Tor ins Lager getrieben. Dort wurde er vor die versammelten Häftlinge gestellt und seine Blockangehörigen bekamen den Befehl, den Flüchtling "zu erziehen", d.h., solange mit Knüppeln auf ihn einzuprügeln, bis er sich nicht mehr rührte. Ein Junge wurde dabei totgeschlagen."

Dies war vermutlich der schlimmste Fall von "Gewalttätigkeit", begangen im Lager. Es kam zur Verurteilung der beiden Häftlinge, die der Aufforderung des Blockführers, nur nicht zimperlich zu sein, allzu eifrig nachgekommen waren. Der Blockführer wurde strafversetzt.

Die meisten Fluchtversuche waren kaum durchdacht, Augenblicksreaktionen auf den Terror, ohne Überlegung, wie es denn in Häftlingskleidung, ohne Verpflegung, ohne Geld weitergehen sollte. Typisch dafür ist ein eidesstattlich zu Protokoll gegebener Bericht von Heinz T., der in der Muna Volpriehausen zur Arbeit eingeteilt war. Eines Tages im Winter benützte er die Gelegenheit zum Austreten, um sich in einem Stapel leerer Kisten auf dem Hof des Muna-Geländes zu verstecken. Als er beim Abrücken fehlte, wurde Alarm gegeben und die Suche begann. Erstaunlicherweise fand man ihn nicht, obwohl der Stapel angeleuchtet wurde, in dem er steckte. Als die Posten ergebnislos abgezogen waren, nichts mehr

zu hören, kein Licht zu sehen war, machte Heinz T. sich auf und
kletterte über den Zaun, einfacher Maschenzaun, oben mit drei Lagen Stacheldraht. Ziemlich zerkratzt erreichte er so die Freiheit, lief über den tiefgefrorenen Acker in den nahen Wald zum
nächsten Dorf, wo er Kinder beim Rodeln traf. Diese bat er um
etwas zu essen und sie brachten ihm ein paar Brote, hatten aber
gleichzeitig der Polizei Bescheid gesagt, denn der Fluchtversuch
war schon bekannt gegeben worden. Im Wald wurde T. gestellt und
schon bei der Ortspolizei verprügelt, wobei ihm zwei Zähne aus-
fielen. Dann wurde er in den Zellenbau des Lagers gebracht. Am
nächsten Morgen um 7 Uhr wurde er den zum Appell angetretenen Zöglingen vorgestellt und seine Strafe verlesen: 60 Stockhiebe,
jeden dritten Abend nach der Arbeit, mit gleichzeitigem Essensentzug, außerdem hartes Nachtlager, 4 Wochen strengen Arrest bei
Brot und Wasser, nur einmal in der Woche warme Kost.

Entlassungen

Bis zum Juli 44 notiert der Essener Berichterstatter folgende
Entlassungen:

45	in die Heimat,
138	zur Wehrmacht,
5	zum Reichsarbeitsdienst,
31	in die halboffene Heimstätte Herzogsägmühle.

Überführt wurden

52	in die Heil- und Pflegeanstalt,
53	in Konzentrationslager,
11	ins Gefängnis,
16	ins Zuchthaus.

In den beiden letzten Fällen handelt es sich um gerichtliche Ver-
urteilungen von strafbaren Handlungen, die im Lager oder auf der
Flucht begangen wurden. Dabei sollen nach dem zitierten Bericht
auch drei Todesurteile gefällt worden sein.

Laufende Nr.	Abt. der	Gerd Nr.	Pfleg.	Name	Geboren am in		Gestorben den in		übergeben	Bemerk.
210	5	90	R	Frau Linna Köhler			18.5. 1942	Moringen	27.5. 1942	
211	2	98	R	Gerhard Bakel	7.5. 1922	Zülz. O/S	30.5. 1942	Jugend= schutzlager	1.6. 1942	
212	2	97	R	Walter Palavro	10.3. 1925	Wien	12.6. 1942	Jugend= schutzlager	15.6. 1942	
213	2	96	R	Franz Rubenbauer	12.2. 1923	Neuötting	2.7. 1942	Jugend= schutzlager	4.7. 1942	
214	2	95	R	Hirner Karl	25.2. 1922	Frankfurt	25.7. 1942	Jugend= schutzlager	27.7. 1942	
215	2	94	R	Dörflinger Friedrich	16.7. 1921		27.7. 1942	Jugend= schutzlager	29.7. 1942	
216	2	93	R	Herbert Lindethammer	3.10. 1921	Hamburg	28.7. 1942	Jugend= schutzlager	30.7. 1942.	
217	2	92	R	Georg Girstke	26.3. 1922	Belgrau	31.7. 1942	Jugend= schutzlager	3.8. 1942.	
218	3	30	R	Willi Heise	15.2. 1915	Moringen	23.7. 1942	Magdeburg	27.7. 1942	
219	2	91	R	Franz Hirschkron	26.11. 1922	Wölking	2.8. 1942	Jugend= schutzlager	5.8. 1942.	
220	2	90	R	Karl Pohl	16.12. 1923	Troppau	3.8. 1942	Jugend= schutzlager	6.8. 1942	

54

Todesfälle

Bis zum Juli 44 waren 41 Sterbefälle zu verzeichnen, darunter drei
Selbstmorde und ein Fall von Erschießen auf der Flucht. Bis zur
Auflösung des Lagers stieg die Zahl der Todesfälle in Moringen auf
56, hinzuzuzählen sind mindestens 14 weitere Todesfälle im Asy-
lierheim für Tbc-Kranke in Benninghausen bei Paderborn, wohin das
Lager Jungen mit offener Tuberkulose überwies. Der hohe Anteil der
Tbc an den Todesfällen wird teilweise durch einen "Hauskeim" erklärt, mehr aber durch die mörderische Überbeanspruchung der
jungen Menschen im Lager.

Die Toten wurden ohne Kreuz, Stein oder Namen auf dem Moringer
Friedhof begraben, ihre Namen finden sich nur im Friedhofsre-
gister. Um diese Opfer einer von Gott verlassenen, Menschen ver-
achtenden Weltanschauung der Anonymität zu entreißen, schließen
wir diese Dokumentation mit der Veröffentlichung der Todesliste.

DIE AUFLÖSUNG DES LAGERS

Am 15. März 1945 ließ der Lagerkommandant auf dem Hof antreten
und rief die Zöglinge auf, nun mitzuhelfen, Deutschland vor dem
Untergang zu retten. Alle Reichsdeutschen und Österreicher, soweit sie nicht zu den Blöcken S und ST gehörten, etwa 500 insgesamt, erhielten Zivilkleidung und reichlich Verpflegung einschließlich Zigaretten. Am nächsten Tag wurden sie zum Güterbahnhof gebracht, fuhren drei Tage nach Braunschweig und erhielten
dort bei einem Panzergrenadierregiment Uniformen; an Ausbildung
war nicht mehr zu denken. Von hier aus wurden sie auf verschiedene Einheiten aufgeteilt und teilten deren jeweiliges Geschick
(Bericht Axt).

Die in Volpriehausen untergebrachten Häftlinge hatten angesichts
der zunehmenden Nervosität der Wachmannschaften den Eindruck, daß
sie die Muna nicht lebend verlassen würden. In der Nacht vom 3.

zum 4. April wurden sie plötzlich geweckt und dachten, ihr letztes
Stündlein habe geschlagen. Indessen wurden sie von einem höheren
Offizier der Wehrmacht mit "Heil Hitler, Kameraden!" begrüßt und
erhielten Einberufungsbefehle zum 37. Panzergrenadierregiment in
Wolfenbüttel. Ein Teil wurde nach dorthin in Marsch gesetzt
(Bericht Rehn).

Ein polnischer Häftling, Zygfryd Nowak, gehörte zu einer Gruppe,
die Anfang April in Nachtmärschen in Richtung Harz bewegt wurde.
Tags wurden sie in Scheunen eingesperrt. "Am 6. April saßen wir
wieder in einer Scheune, das Tor war verriegelt, die Posten standen davor. Die anderen SS-Leute waren im Dorf, denn dort hatten
sie ihre Autos mit Wäsche, Schuhen und Lebensmitteln. Es war wohl
um die Mittagszeit, da hörten wir in der Nähe Geschützfeuer.
Trotzdem wir alle müde waren, wurden wir alle wach; jemand sagte,
daß wir aus der Scheune rausmüssen, denn die können uns ja hier
zusammenschießen. Wir machten Krach und riefen die Posten, aber
keine Antwort erfolgte. So brachen wir das Tor auf. Wir trauten
unseren Augen nicht, aber kein Posten war zu sehen. Daraufhin
gingen wir ins Dorf, aber nicht viele von uns, denn die meisten
flohen gleich in den Wald. Keiner konnte es fassen, daß es schon
die Freiheit sein sollte. Im Dorf sahen wir, wie die Einwohner
von der Straße die Klamotten der SS aufsammelten, die wegge-
schmissen wurden, damit die mit den Autos abhauen konnten. Kurze
Zeit danach waren die Amerikaner schon da. Da wußten wir, daß für
uns die Stunde der Freiheit geschlagen hat."

Ein Teil der Häftlinge blieb in Moringen zurück und wurde dort von
den Amerikanern befreit. Anschließend wurde das Lager mit Aus-
ländern (Displaced Persons) belegt bis 1949. Während dieser Zeit
wurde der größte Teil des Aktenmaterials über die früheren Lager-
insassen vernichtet.

Zielona Góra dnia 5 Juli 1982

Sehr Geehrter Herr Pastor Harndt!
Sie werden bestimmt verwundert sein, einen
Brief von mir zu bekommen. Da ich ehemaliger Häftling des Jugendschutzhaftlagers in
Moringen war und schon so viel Jahre
verflossen sind, kann man es nicht vergessen
was man dort durchmachen mußte. Noch
Heute stelle ich mir manchmal die Frage, wie
es möglich ist, das der Mensch so gekwält und
erniedricht wurde. Wir wurden doch schlimmer
wie das Vieh behandelt, denn die Hunde von
den 44 Männern hätten es doch besser wie wir.
Heute wenn ich manchmal die Jungen Leute
beobachte wie Sorgenfrei die Leben, denke ich manchmal daran, das man seine schönste Jugendzeit
im K.Z. Lager verbringen mußte. Es machte
mir manchmal traurieg, das man uns
vergaß. Ich und viele meine Kameraden
überlebten das Grausen des Lagers, aber
nicht alle. Es waren nicht blos 54 Kame=
raden die dort umkamen. Am 6 April 1945
wurde da Lager evakuiert. Drei Nächte mußte
wir maschieren, es war fürchtelich

57

So manch einer brach vor Schwäche zusammen
und sah sah sein zuHause nicht wieder.
Wie mir bekannt ist, wurde dort ein Gedenkstein
an die Opfer der Gewaltherrschaft errichtet.
Ich möchte mir darüber sehr bedanken, das nach
so vielen Jahren sich Leude fanden und den
Mut hadden einen Gedenkstein dort aufzustellen.
Ich weiß das so mancher Alde: es gerne vergessen möchte
aus gewißen gründen, aber die Jungen Menschen
müßen doch wißen was damals gespield wurde.
Mach Godd es geben, das die Jungen Menschen, es
nie durchmachen müßen, was wir durchmachen
mußden. Nun zum schluß eine bidde. Da ich
so weid in der Ferne bin und keine gelegenheit
habe, dort hinzukommen möchde ich sie bidden
bei Gelegenheid eine Blume am Gedenkstein
niederzulegen in meinem Namen

   in Hochachtung.

        Siegfried Nowak
6.5-247 Zielona Góra

    Polen.

58

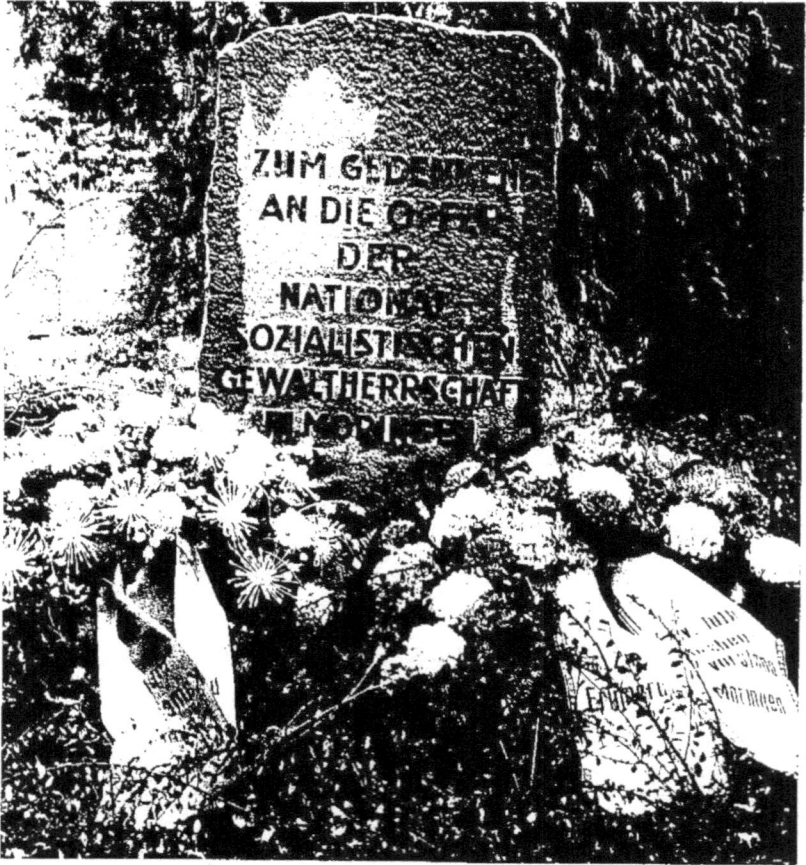

Gedenkstein für die Opfer der
nationalsozialistischen Gewaltherrschaft
auf dem Moringer Friedhof

Auszug aus dem Begräbnisregister Moringen
der von 1942 bis 1945 im "Jugendschutzlager" gestorbenen
und auf dem Moringer Friedhof beerdigten Jugendlichen

lfd. Nr.	Name	geboren am	geboren in	gestorben am	gestorben in	begraben
211	Gerhard Battel	7.5. 22	Zilp	30. 5.42	JSchL Mo.	1. 6.42
212	Walter Palavro	10. 3.25	Wien	12. 6.42	" "	15. 6.42
213	Franz Rübenbauer	12. 2.23	Neuötting	2. 7.42	" "	4. 7.42
214	Karl Kauer	25. 2.22	Frankfurt	25.7.42	" "	27. 7.42
215	Friedrich Dörflinger	16.7.21		27. 7.42	" "	29. 7.42
216	Herbert Lindthammer	3.10.21	Hamburg	28. 7.42	" "	30. 7.42
217	Georg Gurke	26. 3.22	Belgwan	31. 7.42	" "	3. 8.42
219	Franz Hirschkorn	26.11.22	Wölking	2. 8.42	" "	5. 8.42
220	Karl Pohl	16.12.23	Troppau	3. 8.42	" "	6. 8.42
222	Otwin Zimmer	9.12.20	Leisnig	23. 8.42	" "	25. 8.42
225	Wilhelm Sadtler	6. 7.22	Altrohlau	5. 9.42	" "	8. 9.42
227	Johann Magenbauer	21. 4.25	Wien	2.10.42	" "	5.10.42
229	Paul Hammer	29. 7.24	Schäßburg (Rumänien)	9.10.42	" "	12.10.42
230	Friedrich Penz	19. 3.24	Reichenhall	12.10.42	" "	14.10.42
231	Karl Ziemichi	28. 1.23	Belchatow	20.10.42	" "	23.10.42
232	Benno Gert	27. 5.25	Tregist	23.10.42	" "	26.10.42
236	Johann Verhovscheg	8.5.23	Senbach	9. 2.43	" "	12. 2.43
248	Paul Beyer	10. 8.22	Schneidemühl	17.8.43	" "	20. 8.43
269	Johann Krämer	22. 1.27	Coblenz	7. 2.44	" "	10. 2.44
270	Walter Patzwald	5. 5.28	Johannisburg	7. 2.44	" "	10. 2.44
271	Franz Jungbluth	2. 7.22	Köln	7. 2.44	" "	10. 2.44
274	Rudolf Witting	6. 6.23	Görlitz	24. 4.44	" "	
275	Johann Graf	20.10.25	Vorder-gumitsch	1. 5.44	" "	4. 5 44
287	Heini Strütze	13. 5.23	Schmölln	22. 6.44	" "	25. 6.44
298	August Arning	21. 2.21	Lemgo	18. 9.44	" "	21. 9.44
303	Walter Werner	24.10.24	Wien	13.12.44	" "	16.12.44
305	Gerhard Bär	27. 5.25	Orimitschau	31.12.44	" "	3. 1.45
306	Karl-Heinz Packebusch	15.7.21	Osterburg	10. 1.45	" "	13. 1.45
311	Helmut Dietschmann	31. 5.25	Tilsit	29. 1.45	" "	1. 2.45
312	Josef Sieche	1.11.24	Aussig-Streckenstein	31. 1.45	" "	3. 2.45
313	Otto Sturm	4. 7.22	Breslau	2. 2.45	" "	5. 2.45
315	Heinz Güttler	7.12.24	Zittau	6. 2.45	" "	9. 2.45
316	Heini Rohloff	20. 7.26	Stettin	6. 2.45	" "	9. 2.45
317	Heinz Wohlgemuth	15. 8.22	Tilsit	23. 2.45	" "	26. 2.45
318	Karl-Heinz Bode	8. 6.27	Braunschweig	24.2.45	" "	27. 2.45
319	Otto Trümper	11. 6.24	Bernburg	26. 2.45	" "	1. 3.45
320	Walter Sollnbeck	12. 7.25	Aigen	27. 2.45	" "	2. 3.45

321	Walter Tretbar	16. 4.23	Gautzsch	27. 2.45	JSchL	Mo	2. 3.45
323	Helmuth Steinau	7. 3.26	Dingort Gr. Eylau	4. 3.45	"	"	7. 3.45
324	Gerhard Griwenka	23. 1.23	Tilsit	11. 3.45	"	"	14. 3.45
326	Julius Hirtz	30.10.24	Hamburg	19. 3.45	"	"	22. 3.45
327	Heinrich Papke	12. 1.25	Essen	22. 3.45	"	"	24. 3.45
328	Johann Jurgec	27. 8.28	Preschgrupf	23. 3.45	"	"	26. 3.45
329	Fritz Pruschinski	21.12.26	Weißenburg	24. 3.45	"	"	27. 3.45
330	Erwin Braun	10. 4.23	⎰Selb.	30. 3.45	"	"	2. 4.45
332	Werner Lohmann	28. 4.21	⎱Nürnberg Röthen	14. 4.45	"	"	14. 4.45
333	Kurt Feierabend	30. 6.25	Warschau	14. 4.45	"	"	16. 4.45
334	Alfred Begenat	5. 1.26	Schloßberg	4. 4.45	"	"	5. 4.45
335	Werner Stief	15.12.20	Tilsit	24. 4.45	"	"	25. 4.45
348	Anton Brandl	28. 4.25		29. 5.45	"	"	2. 6.45
350	Gerhard König	4.10.26	Magdeburg	3. 6.45	"	"	4. 6.45
351	Fritz Kopine	23.10.37		8. 6.45	"	"	9. 6.45
352	Kasimir Tczanpel	5. 5.28		21. 6.45	"	"	23. 6.45
336	Rudolf Schiffler	18. 6.21	Schobritz	2. 5.45	"	"	4. 5.45

"MACHT ES ANDERS!"

Stellungnahme der jüngeren Generation
Oda Fresenius in der Gedenkfeier für die Opfer des Jugendschutz-
lagers Moringen am 17. November 1982 in der St. Sixti-Kirche
Northeim

****

Wir waren in Polen, in Auschwitz. Davon möchten wir Ihnen berichten. Zehn Tage haben wir in der Gedenkstätte des ehemaligen Konzentrationslagers Erhaltungsarbeiten durchgeführt.

In Seminaren hatten wir uns auf Auschwitz vorbereitet. Der Aufenthalt selbst war der Versuch, etwas von dem zu begreifen, was so
schwer zu verstehen ist.

Wir stellen Fragen: Was habe ich damit zu tun? Ist Auschwitz für
mich zu Ende? Was kann ich selber lernen?

Auschwitz ist sicher kein Zufall. Es ist Ergebnis einer planmäßig konsequent ausgeführten Rassenideologie, die Juden, Kommunisten, Pazifisten, Sozialdemokraten, Christen, Zigeuner u.a. zu
Feinden des deutschen Volkes machte. Die deutsche Industrie war
maßgeblich daran beteiligt, Konzentrationslager zu errichten.
Auschwitz war möglich, weil große Teile des deutschen Volkes ein-
geschüchtert waren und deshalb lieber gleichgültig blieben.

Wir können heute erkennen, was zu Auschwitz geführt hat. Für mich
ist Auschwitz nicht zu Ende und wenn ich nicht bereit bin, aus der
Geschichte zu lernen, mache ich mich des Vergessens schuldig.

"Macht es anders!" Das hat Herr Sczymanski, ein ehemaliger Häftling in Auschwitz, zu uns gesagt. Was passiert, wenn uns dies
keiner von denen mehr erzählen kann, die es erlebt haben? "Macht
es anders!" Das ist für uns Verpflichtung.

Auschwitz blieb keine Reise in die Vergangenheit. Weil Auschwitz
für uns nicht zu Ende ist, sehen wir unsere Fahrt als eine Reise
in die Gegenwart. Welches Gefühl müssen die ehemaligen Häftlinge
der Konzentrationslager haben, wenn sie erfahren, daß ihre Geschichte als Vergangenheit abgeheftet wird?

62

Deshalb stellen wir die Fragen an unsere Eltern ohne verurteilen zu wollen: Warum hat uns in der Schule und zu Hause niemand davon erzählt? Warum müssen wir selber erst nach Auschwitz fahren? Warum will uns heute niemand zuhören?

Welches Gefühl müssen die ehemaligen Häftlinge haben, wenn sie sehen, daß heute wieder geschwiegen wird? Wo bleibt unser Einspruch gegen die täglichen Kriege in dieser Welt? Wer erhebt seine Stimme gegen Hunger, Folter, Mord und Ungerechtigkeit?

Tagtäglich hören wir die Schreckensnachrichten aus El Salvador, Libanon, Türkei und vielen anderen Ländern. 800 Millionen Menschen leben in absoluter Armut und jeden Tag sterben 10 bis 15 Tausend Menschen den Hungertod. ...

Auschwitz ist noch nicht zu Ende! Die Ungerechtigkeit in den unterentwickelten Ländern ist kaum noch zu beschreiben. Randgruppen wie Ausländer, Zigeuner, Arbeitslose und andere erfahren auch heute unseren Haß.

Massenvernichtung wird durch atomare Raketen, deren Aufstellung wir in unserem Lande dulden, gedacht und geplant. Das Gas liegt schon wieder bereit und kriecht in jedes Haus, ohne daß es jemand in die Schächte schmeißen müßte.

Wen kann man hinterher verantwortlich machen? Nach Auschwitz ist es meine Aufgabe, Verantwortung zu übernehmen. Verantwortung ist nicht übertragbar. Durch Wachhalten der bitteren Erfahrung kann ich heute viel leichter meine Position bestimmen. Ich will nicht zu denen gehören, die versäumen, ein drittes Mal "Nein" zu sagen. Ich will mich einmischen. Ich will nicht dazu gehören, wenn geschwiegen wird. Ich will darüber reden.

1980 war ich in Auschwitz und habe gesehen, wie Massenvernichtung von Menschen gedacht, geplant und vollzogen wurde. Heute erlebe ich, wie Massenvernichtung von Menschen und Umwelt durch atomare, biologische und chemische Waffen gedacht und geplant wird, und ich habe Angst, daß ich nicht entschieden genug dagegen eintrete.

"Macht es anders!" ist die Hoffnung eines aus der Hölle entronnenen, die wir nicht enttäuschen dürfen.

Und jeder, der heute sagt, wir würden mißbraucht, der trifft nicht uns, sondern der mißbraucht selbst die Opfer in der "Dritten Welt".

Q u e l l e n a n g a b e n

Aus folgenden Büchern bzw. Zeitschriftenartikeln wurde zitiert:

Berger, Thomas "Lebenssituationen unter der Herrschaft des
          Nationalsozialismus" hsg. von der Niedersächsischen
          Landeszentrale für politische Bildung, Hannover, 1981

Elling, Hanna "Frauen im deutschen Widerstand 1933-45" Frf. 1978

"Hannover 1933 - eine Großstadt wird nationalsozialistisch"
          Histor. Museum am Hohen Ufer, Hannover 1981

Muth, Heinrich "Jugendopposition im Dritten Reich" Vierteljah-
          reshefte für Zeitgeschichte 1982 Heft 3

Petersen, Helmut "Die Jugendbewahrung" Dissertation Göttingen 1959

Peukert, Detlef "Die Edelweißpiraten" Köln 1980

    "   "   "Die Reihen fast geschlossen" Wuppertal 1981

Zorn, Gerda   "Widerstand in Hannover" Frf. 1977

****

Für die Überlassung ihrer persönlichen, bisher nicht veröffent-
lichten Berichte sind die Herausgeber den Herren Friedrich Axt,
Wolfgang Kleinhans, Erich Puchmüller und Erwin Rehn zu besonderem
Dank verpflichtet.

Für wichtige Hinweise danken wir Herrn Dr. Heinrich Muth /
Koblenz und Herrn Gustav Süßmann / Landwehrhagen.

Fotos: Michael Bös / Moringen

Jugendschutzlager
Moringen (Solling)

13. VI. 1944.

Postzensurstelle
Jugendschutzlager Moringen

Zensiert: ....

Liebe Mutter!

Deinen Brief und Paket vom letzten Male dankend erhalten. Alles war sehr gut nur die Eier in den beiden Paketen waren faul. Ich möchte Dich bitten, mir keine Hautcreme mehr zu schicken es ist verboten. Tante Frude hat mich auch geschrieben, sie hat mir auch Päckchen abgeschickt, sie schreibt, daß sie dem Rudi mit Dir zusammen was schicken will, ich glaube das lohnt sich nicht mehr, der Rudi der braucht das nicht. Ich arbeite in einem Wehrmachts- betriebe ich mache eine Woche Nacht- eine Woche Tag- schicht. Liebe Mutter, ich hoffe die Zeit, die rückt immer näher wo wir uns endlich zusammen- treffen können. Ich bedanke mich noch mal für die Pakete, und sende dadurch viele Grüße an Dir, Vater, und vergesse nicht dem Rudi. Dein Sohn Anton.

69358   20000 1. 44

Zur Vertiefung

Bromberger, Barbara, Hanna Elling, Jutta von Freyberg, Ursula Krause-Schmitt, Schwestern vergesst uns nicht. Frauen im Konzentrationslager: Moringen—Lichtenburg—Ravensbrück 1933-1945, Frankfurt am Main 1988.

Freyberg, Jutta von, Ursula Krause-Schmitt, Moringen—Lichtenburg—Ravensbrück. Frauen im Konzentrationslager 1933-1945, Frankfurt am Main 1997.

Guse, Martin, "Wir hatten noch gar nicht angefangen zu leben". Eine Ausstellung zu den Jugend-Konzentrationslagern Moringen und Uckermark 1940-1945. Moringen/Liebenau 1997.

Helm, Sarah, Ohne Haar und ohne Namen. Im Frauen-Konzentrationslager Ravensbrück, Darmstadt 2016.

Herz, Gabriele, Das Frauenlager von Moringen. Schicksale in früher Nazizeit, herausgegeben von Jane Caplan, Berlin 2009.

Hesse, Hans, unter Mitarbeit von **Wagner, Jens**, Das frühe KZ Moringen (April-November 1933) - "... ein an sich interessanter psychologischer Versuch ...", hrsg. von der Lagergemeinschaft und Gedenkstätte KZ Moringen e.V., 2003.

Hesse, Hans, Das Frauen-KZ Moringen 1933-1938, hg. von der Lagergemeinschaft und KZ-Gedenkstätte Moringen, Göttingen 2000, 2. Aufl. Hürth 2002.

Hesse, Hans (Hg.), Hoffnung ist ein ewiges Begräbnis. Briefe aus dem KZ. Hannah Vogt 1933, Edition Temmen, Bremen 1998. Im März 1933 wurde die junge Göttinger Studentin Hannah Vogt wegen 'Verdacht des Hochverrates' verhaftet. Ihr 'Vergehen': Sie hatte sich für die KPD engagiert. Neun Monate lang wurde sie, erst im Amtsgerichtsgefängnis Osterode (Harz), dann als eine der allerersten Insassinnen im Frauen-Konzentrationslager Moringen bei Göttingen festgehalten, ohne daß es jemals zu einer ordentlichen Gerichtsverhandlung gekommen wäre. Hannah Vogt engagierte sich nach dem Krieg intensiv in der Göttinger Kommunalpolitik und in der Gesellschaft für christlich-jüdische Zusammenarbeit. Als sie 1994 starb, fand sich in ihrem Nachlaß eine umfangreiche Korrespondenz, die sie während der Haft mit ihrer Familie geführt hatte. Die Briefe spiegeln die dramatische Situation der ersten Monate nach dem Machtantritt der Nationalsozialisten wider, sie lassen die Bedrohung des Haftalltags erahnen und vermitteln gleichwohl den mutigen Anspruch einer jungen Studentin, sich der Repression zu widersetzen.

Lagergemeinschaft und Gedenkstätte KZ Moringen e.V. (Herausg.), Dokumente, 2000-2009, PDF auf www.gedenkstaette-moringen.de.

Meyer, Cornelia, Das Werkhaus Moringen. Die Disziplinierung gesellschaftlicher Randgruppen in einer Arbeitsanstalt (1871-1944). Hrsg. KZ-Gedenkstätte Moringen 2004.

Roitsch, Bianca, Mehr als nur Zaungäste. Akteure im Umfeld der Lager Bergen-Belsen, Esterwegen und Moringen 1933—1960, Paderborn 2018.

Schenk, Dieter, Auf dem rechten Auge blind. Die braunen Wurzeln des BKA, Köln 2001.

Rehn, Marie-Elisabeth, Heider Gottsleider. Kleinstadtleben unter dem Hakenkreuz: Eine Biographie, Konstanz 1992 / 1999.

Zitelmann, Arnulf, Paule Pizolka oder Eine Flucht durch Deutschland, Weinheim und Basel 1991.

Im Internet

www.gedenkstaette-moringen.de

instagram.com/moringenmemorial

facebook.com/moringenmemorial

twitter.com/MoMemorial

Mitmachen erwünscht

Das aus haupt- wie ehrenamtlichen Mitarbeiter(innen) bestehende Team der KZ-Gedenkstätte Moringen freut sich über Unterstützung und Mitarbeit.

Menschen mit Ideen und Kreativität, Kompetenz und Erfahrung, Gelassenheit und Ausdauer sowie Freude am Mitarbeiten sind uns immer willkommen bei der Bewältigung der unterschiedlichen Aufgaben und Herausforderungen der KZ-Gedenkstätte Moringen.

Die Möglichkeit zum Mitmachen besteht auf unterschiedlichen Ebenen: Mitarbeit in den Vereinsgremien, Mitarbeit im Rahmen eines klar umrissenen und individuell zugeschnittenen Ehrenamtsprojektes, gelegentliche Mitarbeit im Besucherdienst oder bei den unterschiedlichen Veranstaltungen der Gedenkstätte oder einfach beratend in einer konkreten Angelegenheit.

Sind Sie interessiert oder haben eine eigene Idee zur Mitarbeit in der Gedenkstätte? Sprechen Sie uns einfach an.

Kontakt:

Telefon +49(0)5554-2520
Email info@gedenkstaette-moringen.de

Adresse: KZ-Gedenkstätte Moringen
Lange Str. 58, 37186 Moringen

Postanschrift: Postfach 1131, 37182 Moringen

Internet: www.gedenkstaette-moringen.de

Beitrittserklärung zum Verein Lagergemeinschaft
und Gedenkstätte KZ Moringen e.V.

KZ-Gedenkstätte Moringen,

Postfach 1131, D-37182 Moringen

Bitte ankreuzen:

O **Mitgliedschaft** (Jahresbeitrag 40 Euro)

0 **Fördermitgliedschaft** (Jahresbeitrag ab 50 Euro: … Euro)

Hiermit erkläre ich:

Name, Vorname ……………………………………………………………

Strasse, Hausnummer …………………………………………………

PLZ, Wohnort ………………………………………………………………

Geburtstag …………………………………………………………………..

meinen Beitritt zur Lagergemeinschaft
und Gedenkstätte KZ Moringen e.V..

Datum und Unterschrift ……………………………………………..

O Ich möchte in den Newsletter-Verteiler der Gedenkstätte aufgenommen werden und über aktuelle Entwicklungen und Veranstaltungen informiert werden.

Meine Email-Adresse lautet: ……………………………………...

Beitrittserklärung zum Verein Lagergemeinschaft und Gedenkstätte KZ Moringen e.V.

KZ-Gedenkstätte Moringen,

Postfach 1131, D-37182 Moringen

Bitte ankreuzen:

O **Mitgliedschaft** (Jahresbeitrag 40 Euro)

0 **Fördermitgliedschaft** (Jahresbeitrag ab 50 Euro: … Euro)

Hiermit erkläre ich:

Name, Vorname …………………………………………………………

Strasse, Hausnummer …………………………………………………

PLZ, Wohnort ……………………………………………………………

Geburtstag ………………………………………………………………

meinen Beitritt zur Lagergemeinschaft und Gedenkstätte KZ Moringen e.V..

Datum und Unterschrift ………………………………………………

O Ich möchte in den Newsletter-Verteiler der Gedenkstätte aufgenommen werden und über aktuelle Entwicklungen und Veranstaltungen informiert werden.

Meine Email-Adresse lautet: …………………………………………...

Beitrittserklärung zum Verein Lagergemeinschaft und Gedenkstätte KZ Moringen e.V.

KZ-Gedenkstätte Moringen,

Postfach 1131, D-37182 Moringen

Bitte ankreuzen:

O **Mitgliedschaft** (Jahresbeitrag 40 Euro)

0 **Fördermitgliedschaft** (Jahresbeitrag ab 50 Euro: … Euro)

Hiermit erkläre ich:

Name, Vorname …………………………………………………………………

Strasse, Hausnummer …………………………………………………………

PLZ, Wohnort …………………………………………………………………….

Geburtstag …………………………………………………………………………..

meinen Beitritt zur Lagergemeinschaft und Gedenkstätte KZ Moringen e.V..

Datum und Unterschrift …………………………………………………………

O Ich möchte in den Newsletter-Verteiler der Gedenkstätte aufgenommen werden und über aktuelle Entwicklungen und Veranstaltungen informiert werden.

Meine Email-Adresse lautet: ………………………………………………..

9 783751 906043